MW01639648

# LA REENCARNACIÓN

ANTHONY RIBB

**EDIMAT LIBROS**

Ediciones y Distribuciones Mateos

Calle Primavera, 35
Polígono Industrial El Malvar
28500 Arganda del Rey
MADRID - ESPAÑA



ISBN: 84-8403-598-0
Depósito legal: M-30519-2000

Autor: Anthony Ribb
Diseño de cubierta: Juan Manuel Domínguez
Impreso en: LAVEL Industria Gráfica

EDMECOREEN
La reencarnación

IMPRESO EN ESPAÑA- PRINTED IN SPAIN

# INTRODUCCIÓN

*Si existe un concepto apasionante en el pensamiento de los seres humanos, éste es el de la Reencarnación. Puesto que la seguridad de que somos mortales y que nuestra vida no se prolongará mucho más de los 80 años, y eso si tenemos suerte, es un hecho asumido, la posibilidad de poder prolongar nuestra existencia una y otra vez nos resulta más interesante que la idea de morir para siempre.*

*Es probable que no exista ni una sola persona que no haya pensado alguna vez a lo largo de su vida sobre qué es lo que sucede una vez que morimos. Este pensamiento nos persigue especialmente cuando tenemos que asistir al entierro de un ser querido, cuando padecemos una enfermedad severa y, muy intensamente, cuando llegamos a la frontera de los 50 y nos planteamos nuestro incierto futuro. Antes, en la juventud, la muerte es algo que ocurre "a los mayores", o a las personas que tienen "mala suerte" y sufren un accidente mortal en la carretera. La vemos tan lejana que ni siquiera nos cuestionamos que nosotros estamos ya, invariablemente, como mortales, en esa lista de futuros fallecidos.*

*En los 50 llegan la mayoría de las crisis existenciales, pues junto con las pocas posibilidades profesionales que el futuro nos puede deparar, la vida sentimental ya no ofrece tantas oportunidades de freno y vuelta a empezar. Igualmente, somos conscientes de que el decaimiento inexorable del cuerpo no lo podremos detener con curas de adelgazamiento, gimnasia agotadora, ni píldoras rejuvenecedoras. Algunos ilusos, especialmente mujeres, se gastan ingentes cantidades de dinero en cremas de belleza y clínicas de cirugía estética, en un intento vano de detener lo que es imposible.*

*Afortunadamente, las religiones y los parapsicólogos nos dan una brisa de esperanza y nos aseguran, aunque ninguno de ellos nos aporta pruebas fehacientes, que existen otras formas de vida, algunas ciertamente apasionantes, como quienes nos hablan de un Cielo eterno en el cual solamente hay felicidad y ausencia de dolor.*

*La reencarnación no es una opción de eternidad mejor que otras, pues posiblemente nos toque volver a repetir el penoso calvario de la vida humana, con las mismas peleas, hambre, guerras y el ineludible trabajo. Sin embargo, es una opción vital que nos gusta, pues a fin de cuentas ya conocemos en qué consiste la vida. Las demás, especialmente aquellas que nos hablan de espíritus, almas o entes inmateriales, nos dan un poco de miedo y preferimos, si pudiéramos elegir, aquello de "más vale lo malo conocido...". Afortunadamente, ahora sabemos que si tenemos suerte podremos igualmente volver a disfrutar del amor por la pareja y los hijos, del placer de estar en plena naturaleza o de recrearnos con las maravillas artísticas realizadas por el hombre.*

*Para algunos este proceso de reencarnación demostrará ser un desafío, especialmente para aquellos que rechazan el cuerpo, considerándolo casi un defecto, sobre todo en el aspecto sexual. Muchas personas tienen como motivo de vida el crecimiento espiritual, unido a un deseo por dejar este planeta e ir a alguna parte mejor, más amorosa, con menos tristeza y más júbilo. Pero hay mucha inadaptación e ignorancia en esta idea, pues no hace falta renegar de nuestra existencia corporal, ni rechazar integrarse en una familia, tener hijos y trabajar en empleos rutinarios. Usted no necesita aislarse a un monasterio, o adquirir la sabiduría y equilibrio mediante la ayuda de ningún profeta o guía. No crea tampoco que en algún remoto y escondido lugar del mundo, ni mucho menos en las montañas del Tíbet, o perteneciendo a una congregación religiosa, logrará comprender la razón de su existencia. Cada uno, cada doctrina o religión, le expondrá su verdad, despreciando burlonamente las demás, y si no es usted inteligente tendrá desde entonces una visión única y deformada de su vida.*

*Por consiguiente, si se marcha a esa nueva y ansiada casa, ese nuevo lugar en donde está seguro que será más feliz y tendrá más amor, terminará por tener la misma realidad que aquella de la cual escapó un día. ¿Cree acaso que dentro de una gran urbe y siendo funcionario estatal no puede lograr averiguar hacia dónde va su existencia? ¿No se da cuenta que ver "la luz" no depende de nadie nada más que de usted? ¿Necesita siempre que alguien le lleve de la mano para indicarle el camino y preservarle de los posibles peligros?*

# JUSTIFICACIÓN

*"La Tierra es una escuela para el desarrollo del alma. Nuestros cuerpos son como una caja de Tiffany azul que sostiene un regalo. Una vez el regalo está entregado, la caja se desecha y el tesoro permanece."*

Durante los últimos años se han publicado centenares de libros en el mundo occidental acerca de las experiencias con la muerte, experiencias fuera del cuerpo, recuerdos de vidas pasadas a través de la regresión hipnótica, y se han efectuado investigaciones sobre la muerte y la reencarnación. También se han efectuado pruebas soñando despiertos, se han analizado profecías, e incluso se ha llegado hasta el mundo de los espíritus visto a través del ojo de la mente de una persona hipnotizada o en un estado consciente perfecto. Todos han intentado posteriormente describir lo que su alma estaba haciendo entre cada vida terrenal.

Lo más fascinante es la consistencia en cada libro sobre las leyes del karma y la reencarnación, aunque los libros fueran escritos por autores diferentes, incluyendo a médicos, hipnoterapeutas y personas ordinarias que afirman haber cruzado al mundo de los espíritus y retornado. El propósito de este libro es presentar las diferentes versiones en forma resumida sobre la idea de la reencarnación, en un esfuerzo para intentar explicar, una vez más, por qué estamos aquí y cómo podemos ser mejores. Si todos tenemos un ciclo kármico y ello nos obliga a reencarnarnos varias veces, lo mejor es admitirlo y entenderlo, sea cual sea la religión que profesemos y las creencias científicas que hayamos estudiado. Al final, posiblemente, conseguiremos que nuestras vidas sean mejores.

Estoy seguro que este libro será rechazado por unos, seguramente desde el primer capítulo, y leído con interés por otros. Los detractores lo serán con seguridad desde la primera línea y después de leer las primeras páginas lo tirarán con una sonrisa, rechazándolo como una enseñanza inútil o falsa. Con ello lo único que demostrarán es que no les interesa indagar en el misterio de su propia existencia y que su grado de materialismo es tan extremo, o su fanatismo tan ciego, que rechazarán cualquier posibilidad que les pueda indicar que su vida no comenzó en el momento de la gestación y acabará con su muerte.

En la elaboración de este libro se ha evitado, muy especialmente, ridiculizar ninguna creencia o teoría, exponiendo todas del mismo modo que lo hacen sus defensores, tratando de no tomar partido por ninguna de ellas, o al menos que no se vislumbre la opinión personal del autor. Puesto que tampoco pretendo intentar convertir a nadie a una creencia, religiosa o parapsicológica, o interferir en sus filosofías personales, dejo que cada cual, una vez informado, saque sus propias conclusiones.

## LA REENCARNACIÓN, CREENCIA, REALIDAD O FICCIÓN

Si está seguro de que su existencia se limita a los pocos años que vivirá en la Tierra le compadezco, pues comparado con los millones de años que tiene el universo ni siquiera le podemos considerar como una gota en el océano. Si comparamos la existencia corporal con la posibilidad de la vida espiritual, veremos que la idea de la eternidad se nos muestra ya más lógica. La reencarnación tendría, pues, dos fines esenciales: perfeccionar el espíritu e integrarnos en el orden del universo.

Cada existencia es una lección breve, pero a través de cualquiera de ellas tenemos la oportunidad de entender y seguir las leyes de la creación, en lugar de ir contra ellas tratando de demostrar que somos superiores a todos y todo en la naturaleza.

## Aquellos que siguieron una religión en épocas diferentes

Entre la humanidad hay muchas personas que en otra época cruzaron el desierto en busca de una promesa divina o para escuchar la voz del Creador en la montaña. Entre ellos hay algunos que vivieron durante el tiempo de Jesús, y con quienes nos gustaría realizar contactos, lo mismo que sería interesante contactar con Confucio, Buda u otro profeta que haya sido decisivo para las personas. El problema estriba en que no estamos tratando de realizar una sesión de espiritismo, en la cual llamamos por su nombre al espíritu que queremos invocar (posiblemente reencarnado ya varias veces) y, por tanto, los contactos con ellos solamente serán fruto de la casualidad.

Hay personas que en regresiones a su pasado aseguran estar justo en el momento de la crucifixión de Cristo y hasta hubo quien en una emisora de televisión se sometió a esta terapia y en puro trance aseguró estar viendo a la muchedumbre gritar a Pilatos: "¡Crucifícalo! ¡Crucifícalo!" Ahora sabemos que esto no es posible, pues esas personas están relatando los acontecimientos tal como el cine los ha mostrado, con seguridad muy alejados de la realidad.

## Conductas maravillosas

Usted posiblemente quiere estar seguro de poderse reencarnar en un futuro en algún cuerpo y vida correctos, feliz y tranquilo, por lo que desea comportarse ahora correctamente y acumular los suficientes "méritos" para ser un afortunado en el futuro. Bien, entonces, si escucha a cualquier religión le dirán que hay unos mandamientos universales que deberá cumplir, básicamente adorar a tu Dios y al prójimo. Después hay otros mandatos menores también universales, como son no matar, no mentir, no robar y hasta no quitar la pareja al prójimo, aunque este último mandamiento, ya sabemos, está en franco declive.

Nuestra conclusión es que puestos a volver al mundo, una o más veces, deberíamos tratar de hacerlo a algún tipo de paraíso terrenal, con frutas y todo lo demás, para que el espíritu experimente la satisfacción de tener ante él la oportunidad de concluir o continuar la tarea empezada.

Sobre el código moral por el cual debemos regirnos no existen unas pautas fijas en el mundo, por lo que deberemos aceptar como inmutables los dos mandamientos universales mencionados antes. Lo que parece seguro es que quien sigue estas leyes morales, o divinas, se suele reencarnar sin problemas en otros cuerpos poseedores de fortuna. Sin embargo, en el lado contrario, también sabemos que quienes han tenido en su vida las manos manchadas de sangre ajena deben pagar su culpa durante varias reencarnaciones. En este caso, tendrán que volver a la Tierra para hacer reparaciones, morales especialmente, y restaurar lo que antes han destruido, dando un nuevo sentido a su vida y buscando el perdón universal. En una palabra: restituir.

A veces, dentro del corazón de una persona miserable (los hay a centenares a nuestro alrededor), está oculto un espíritu que en otra época llevó una corona en su cabeza, o dentro de un convicto actual se encuentra oculta un alma que en otra vida se encargaba de privar de su libertad a los demás.

Vivimos un tiempo de controversias en el cual las personas que más destacan no son precisamente quienes aportan beneficios para los demás, sino quienes más se quejan y protestan. Frecuentemente tiene más prestigio y aprecio el líder sindical que la mujer de la limpieza, del mismo modo que recibe más ayuda quien tiene títulos que aquel que apenas ha conseguido aprobar la educación básica. Pronto, o ahora mismo, el triunfo llegará preferentemente a aquellos que manifiesten elocuencia, jactancia y vanidad. Si no lo cree piense en una situación hipotética: un ciudadano conduciendo un lujoso coche Mercedes y otro una bicicleta. ¿A quién cree usted que dejarían pasar antes a un club social? ¿Quién cree que recibirá antes atención preferente en un hospital privado?

Para no ser pesimistas, debemos creer que los valores cambiarán algún día y que llegará una Segunda Era que promocionará como valores imprescindibles la lealtad, la humildad, la tolerancia y la bondad.

## La gran verdad de la reencarnación

Todas las personas en la Tierra perciben el misterio que rodea el pasado, presente y futuro de cada espíritu. Para algunos es una teoría difícil de demostrar, para otros una posibilidad, para muchos una fantasía, y otros lo niegan rotundamente sin analizar nada.

La reencarnación del espíritu es una de las grandes verdades que la humanidad debe saber. A través de la intuición algunos tienen ese presentimiento y aceptan y creen en ella como algo que no puede ser negado, pues es un legado para la humanidad.

La carne, el cuerpo, es de este mundo, y aquí permanece, mientras que el espíritu se levanta libre y se incorpora a la existencia de donde surgió. "Lo que nace de la carne, es carne; lo que nace del espíritu es espíritu."

Mucha gente ha explicado esto, aunque ha sido mostrado de diferentes maneras. Todos, sin embargo, afirman que esta ley sirve para que el espíritu se perfeccione y alcance la meta de su destino. Mucha gente lo duda y lo niega, pero la verdad no es alterada de forma alguna por estas negaciones, pues continúa siendo la misma.

También hay que insistir en que nunca se debe dudar por la simple razón de no entender esta ley, pues hay que tener presente que, si la verdad fuera solamente lo que nuestra mente limitada comprende, nada existiría.

Durante estos últimos años, la denominada como Segunda Era, la creencia en la reencarnación, ha cobrado importancia, paralelamente a las críticas hacia las religiones más severas y dogmáticas. La humanidad, a lo largo de toda su existencia, ha tenido esa intuición, y pudiera ser que fuera el espíritu quien le ha revelado este misterio al cuerpo. Hoy, más que nunca, existe entre la humanidad el presentimiento y la certeza de estas manifestaciones, aunque no todos lo confiesan, pues, como hemos dicho anteriormente, no otorga prestigio a quien se declara creyente.

## EL REGALO DE LA REENCARNACIÓN, DESDE EL ALBA DE LA HUMANIDAD

*"La reencarnación es un regalo, pues una sola vida no es suficiente para el espíritu y la resurrección de la carne es la reencarnación del espíritu."*

Desde el principio del nacimiento del hombre la reencarnación del espíritu existe como una ley universal de la materia y, si aceptamos la creencia en Dios, como una ley de justicia, de amor y como una de las formas en que el Creador tiene para demostrar la clemencia infinita. La reencarnación no sólo es de este periodo, pues ya sabemos que ocurrió en todas las épocas, y nadie debe negar que este misterio solamente ha sido revelado a unos pocos.

Desde las primeras eras, existió en el hombre la intuición con respecto a la reencarnación del espíritu, pero la humanidad, buscando ciencias materiales y riquezas en el mundo, se permitió acabar dominada por las pasiones de la carne y el dinero. Pronto sus fibras espirituales se endurecieron y quedaron imposibilitadas para recibir sensaciones más profundas, volviéndose sordos y deslumbrados ante todo lo que sean asuntos materiales. Los asuntos del espíritu, increíblemente, son considerados propios de ignorantes y cualquier profesional titulado recibirá más alabanzas que alguien que diga creer en Dios. Llegado a este punto, parece imposible que nadie pueda estar interesado en asuntos que están tan devaluados.

Hay que admitir que la sensibilidad y la intuición espiritual nacen con el hombre, pero que igualmente pueden ser despertadas mediante la lectura, la conversación o las vivencias. El problema es que resulta imposible asegurarnos que aquello que leemos es lo correcto, pues dentro de un mismo barco hay muchos marineros.

Todos están de acuerdo en el mismo principio del espíritu inmortal, por lo que podríamos decir, metafóricamente, que poseen la luz de la sabiduría o al menos la tienen ante sus ojos. Pero si en lugar de penetrar profundamente en las enseñanzas, solamente se dedican a promocionarse en sociedad, no podrán mejorar su percepción de la otra vida y solamente dirán miles de palabras para convencer. Ellos están equivocados y nos equivocan a los demás.

La resurrección de la carne es la reencarnación del espíritu, y si algunos creen que es solamente una teoría humana y otros que es una nueva revelación, le remitimos nuevamente a los textos bíblicos y al resto de las religiones mundiales, para demostrar que no se trata de una moda ni una nueva creencia esotérica.

Reencarnación quiere decir volver al mundo para nacer de nuevo, surgiendo del espíritu de un cuerpo humano. Esa es la verdad con respecto a la resurrección de la carne, y negarla es igual a negar la existencia de un Creador, pero si ellos, los incrédulos, niegan esta posibilidad deberían aportar pruebas de que su negación está sostenida por argumentos y pruebas fidedignas.

La reencarnación es ciertamente un regalo y sin ella no tendría mucho sentido nuestra existencia e iría en contra de ese principio físico que afirma que "la materia ni se crea ni se destruye, simplemente cambia". Si luego involucramos a Dios o a una naturaleza superior en este proceso, no es esencial para admitir que nuestra existencia no acaba con la muerte y que esa parte etérea a la que llamamos alma o espíritu, debe tomar de nuevo posesión de un cuerpo material tantas veces como sea. Sin embargo, abundan más las opiniones respaldadas por títulos académicos, aquellas que niegan toda posibilidad de nuevas vidas, sin que tampoco sean capaces de explicarnos qué pasará y cuál es el destino de la humanidad.

La humanidad crea leyendas, fantasías, y esto lo han hecho incluso las tribus más remotas, las personas escondidas en las montañas, pero todas, incluso las que nunca han establecido comunicación con otras culturas, tienen el presentimiento de la reencarnación del espíritu.

## ALGUNAS PREGUNTAS MÁS HABITUALES

### *¿Hay alguna prueba sobre la reencarnación?*

Esta pregunta propone muchos problemas, especialmente en cuanto al empleo de la palabra "prueba", pues, principalmente, las personas están buscando confirmación física. Hay hasta ahora, por ejemplo, diversas consideraciones, entre ellas una historia:

*"Un hombre estaba recordando su vida pasada como soldado alemán en la Segunda Guerra Mundial. Durante una regresión a su pasado, reveló su nombre como soldado y describió la manera de cómo murió, expresando un agudo dolor en el cuello. El hipnoterapeuta buscó archivos de los soldados que participaron en esa guerra y encontró una mención con el nombre que su cliente le dijo, y una nota corta relativa a cómo ese soldado murió por una bala en el cuello."*

En los últimos años también se han publicado libros sobre las descripciones de niños que hablaron sobre sus otras vidas cuando eran adultos y describieron su entorno y parientes, datos que podrían ser confirmados en parte por los archivos históricos.

Por otro lado, todo depende de lo que usted necesite creer para admitir una prueba. Cuando empiece a permitirse pensar y descubrir otras vidas paralelas o vidas pasadas, los problemas para encontrar pruebas cambiarán. No le pido que no siga buscando alguna evidencia, pero la sabiduría interna, aquella que está más allá de la duda, entrará en su mente con mayor solidez que cualquier evidencia física o literaria que pueda encontrar en las bibliotecas.

### *¿Por qué las personas no recuerdan con facilidad sus otras vidas?*

Hay muchas razones, entre ellas:

Uno de los mayores problemas se refiere a los conceptos mentales que tenemos sobre la vida. Solemos considerar como desaparecidos a aquéllos que no viven cuando nosotros, y criticar a quienes viven otros estilos de vida y, especialmente, a quienes perciben ciertos aspectos de la vida poco comunes. Este hábito de juzgar las cosas según nuestro propio criterio es la causa más importante y el mismo mecanismo que nos impide recordar otras vidas. Por ejemplo, si usted viviera en un estilo de vida más espiritual, seguramente juzgaría actualmente como inaceptable la vida competitiva y agresiva de las grandes urbes, algo que guardaría en su subconsciente y permanecía indeleble en otras vidas.

Se repiten muchas experiencias (no sólo de vidas pasadas) y a menudo comprendemos que ciertos acontecimientos son similares a algunos del pasado. Indagamos en lo profundo de nuestra alma para tratar de comprender todo cuanto nos ocurre, pero no queremos recordar los fracasos en este sentido y buscamos ayuda en quienes creemos saben más que nosotros. Cuando ambas personas fracasan, nosotros y los expertos, nos desalentamos, pero seguimos investigando para tratar de entender.

Según una cita del cristianismo racionalista:

*"Puede decirse que un cuerpo físico normal es una cosa perfecta, terminada como una escultura. Cuando el espíritu se encarna de nuevo, se aísla de su pasado y se olvida de sus encarnaciones anteriores completamente. Sólo retiene en su subconsciente la experiencia ganada con las pruebas del pasado y las tendencias que son el resultado del uso de su libertad. Eso es sumamente bueno para el espíritu. Primeramente, el velo de la materia nos previene y nos identifica a los enemigos de encarnaciones anteriores, aunque nos impulsa a la conciliación, sin rencores o pensamientos enfermos. Secundariamente, con el olvido temporal de los errores del pasado que tan a menudo nos inculcan humildad, vergüenza y malos pensamientos, el espíritu encarnado empieza una nueva existencia en cada pasaje a través de la Tierra."*

Se podría añadir que no recordar vidas pasadas no indica falta de conocimiento. Algunas almas conscientes apenas prestan atención a otras vidas de otros tiempos y lugares que vivieron, pues no las consideran experiencias interesantes a tener en cuenta. Para ellos, el momento presente es lo único que cuenta.

### *¿Qué significado tiene la muerte de un niño pequeño?*

La vida en la forma humana significa en primer lugar "volver y cambiar", viviendo como espíritu primero y luego como ser, como presencia. Las personas nos reencarnamos porque así lo deseamos, pues deseamos convertirnos en otro. Esto puede parecer una ilusión, especialmente porque la mayoría querríamos ser sabios, guapos y fuertes, lo que convertiría a la otra vida en una pugna por encontrar el cuerpo mejor dotado para estos fines.

Hay personas ligeramente escépticas que desearían ser unos espíritus nuevamente encarnados si el cambio fuera favorable, pues en caso contrario preferirían estar muertos para toda la eternidad. Algunos padres están viviendo una vida sin alicientes, pues están agotados de dar sin recibir nada, y cuando piensan en un espíritu se imaginan siendo un bebé o al menos un niño muy pequeño. Efectivamente, ellos están tristes, no les ha gustado su papel como padres, pero quizá empiezan a apreciar más la vida por esta incidencia. A veces las almas entran en servicio para hacer que otras almas vivan mejor, pero estamos seguros que finalmente los deseos propios también se conseguirán.

### *¿Cuándo exactamente un alma toma posesión de un cuerpo físico? ¿Nacimiento? ¿Antes de? ¿Después de? ¿En el tiempo de la concepción?*

Es un proceso gradual, pues incluso empieza por el alma que intenta reunir a dos personas para que así pueda encarnarse como su niño. Algunos padres describen esto hablando de los espíritus, pero yo diría que hay varios pasos:

1. Escoger a los padres.
2. Intentar la reencarnación.
3. Los posibles abortos.
4. El embarazo.
5. Dándose cuenta del cuerpo del feto.
6. La comunicación entre el feto y la madre.
7. Escuchar la voz y sentir la presencia del padre.

8. Dándose cuenta del crecimiento.
9. Falta de espacio.
10. El nacimiento.
11. La entrega, primero tocando su piel, meciéndole, oliéndole, respirando.
12. Estado emocional de los padres.
13. Nombre que recibe, pues será importante para que el espíritu se pueda identificar con el cuerpo.
14. Los rituales posteriores.

Otra consideración en ese proceso es cuando la reencarnación se realiza a un nivel mayor, en el caso en que los chakras más bajos son disparados y se ponen en activo. El desarrollo del ego (situado en el plexo solar), el comienzo de la energía sexual, así como la expresión (chakra del hara), fijan una única energía para que la personalidad y todos los otros chakras tengan "lozanía".

Consumiendo drogas (legales o ilegales), uno juega con el chakra, como por ejemplo, fumando o bebiendo alcohol se obliga a los chakras a abrirse, y hay que realizar "equilibrios" para mantenerse en perfecto estado. Este proceso es especialmente peligroso en los adolescentes, puesto que les ocasiona un envejecimiento prematuro por la acción forzada de los chakras. Es, por así decirlo, un aumento del fuego interno para que se comporten como adultos, lo que les ocasiona un desequilibrio integral. Lo mejor, si lo que se pretende es mejorar la actividad y la energía, es canalizar su actividad hacia otras herramientas, como el Tai-chi, o el Hatha yoga o cualquier otro tipo de acercamiento al cuerpo holístico.

**Chakra** es un término hindú que se traduce como "ruedas" o centros de energía situados en el cuerpo humano. Según esta creencia, el cuerpo es atravesado por el Nadi, un canal que va desde la base de la columna hasta el sushumna, o coronilla. A ambos lados de este canal hay otros dos que van desde los orificios nasales hasta el sushumna. Los chakras, pues, están situados a lo largo de este eje y tanto su número como su colocación pueden variar.

En otras filosofías, como el budismo tántrico, solamente hay cuatro chakras, situados en el ombligo, garganta, corazón y entre los ojos, mientras que en el Yoga Kundalini cada uno tiene un número y color específico

En resumen, la vida entera puede ser considerada como un proceso de usar y ocupar el cuerpo, un tiempo donde nosotros somos más o menos conscientes de la herramienta ("cuerpo") disponible, y mediante los procesos espirituales nos damos cuenta que no solamente somos un cuerpo y que ni siquiera nos pertenece en su totalidad. Pronto presentimos que en nuestro interior hay algo más que no controlamos, subconsciente, espíritu o alma, y por eso siempre tenemos cierto temor por nuestras equivocadas acciones o por aquello que se denomina como más allá.

### *¿Existe ya una comunicación con la madre cuando estamos dentro del útero?*

Cuando se consigue hacer una meditación absolutamente regresiva, la mayoría de las personas entran automáticamente cuando eran simplemente un feto, y algunos empiezan a llorar porque allí dentro se encontraban protegidos y a salvo, mientras que otros recuerdan ese momento con angustia, quizá porque había problemas de salud, como carencia de oxígeno o nutrientes. También se conocen casos de fetos que han sufrido por el hábito de su madre de fumar, por las discusiones entre sus padres o, incluso, por tener que escuchar una música estridente e incomprensible.

### *¿Es fácil recordar el nacimiento?*

El nacimiento en sí siempre es recordado como un trauma, lo que no es de extrañar cuando se nace en un hospital. Focos potentes iluminando el canal del parto, las voces de los médicos y enfermeras, así como los gritos de la madre, son los primeros estímulos que recibe el todavía no nacido. Después llegan las contracciones, el fórceps y el sádico azote para que rompa a llorar, lo que no es extraño que haga teniendo en cuenta todo lo que ese pequeño humano ha tenido que soportar nada más salir del confortable recinto materno.

Pero después llegan los lavados, las pruebas médicas y, aún peor, la separación brusca de su madre para llevarle a un lugar apartado, en donde otros niños como él lloran de miedo y frecuentemente de dolor. Desde ese momento alguien decide cuándo y cuánto debe comer, sin tener en cuenta sus lloros, y se le deja durmiendo en una solitaria cuna sin la presencia, el olor y el sonido de su madre. Ciertamente, lo extraño es que haya una sola persona en el mundo que pueda recordar ese momento de su vida con alegría.

Experimentar el nacimiento como un trauma es impropio e innecesario, pero para evitarlo había que mentalizar a las madres de las ventajas de dar a luz en casa y hacerlo en pie o dentro de una templada bañera. La conclusión que se puede sacar es que aunque en las regresiones se pueda ver el momento del parto, la mayoría de las personas evitan voluntariamente hacerlo.

### *¿Existe algún medio fiable para averiguar lo que estaba haciendo en una vida anterior?*

Muchas personas suponen que ya han tenido otras vidas anteriores y en el fondo desean oír algunas descripciones misteriosas y maravillosas de esas vidas, especialmente porque ambicionan haber sido caballeros andantes, bellas mujeres o fornidos pretorianos. Todas estas expectativas personales son más una proyección de su vida presente, casi una necesidad de romper la vulgaridad de la vida cotidiana, que la realidad de otras existencias anteriores.

Cada vez que una persona famosa cuenta ante los medios de comunicación sus vidas anteriores, lo hace mencionando el buen personaje histórico que le tocó asumir, y pocos hablan de ser asesinos, violadores o verdugos al servicio de un cacique. En realidad no mienten, pero sencillamente se imaginan sus vidas anteriores equivocadamente.

Creo que la única manera fiable para saber con cierta precisión nuestras vidas anteriores (siempre que no nos hayamos reencarnado en un animal o vegetal) es mirar simplemente a nuestro alrededor, a nuestra familia. También deberíamos observar nuestros verdaderos instintos, aquellos que afloran cuando la educación queda anulada, pues ellos forman parte integral con los genes, esos mecanismos de memoria indelebles que todos nuestros antepasados nos han legado.

Por todo ello, la mayor dificultad no está en poder recordar nuestras vidas pasadas, sino en diferenciar lo que deseamos de lo que verdaderamente ha ocurrido. El proceso debe ser interno, personal, y nunca estar influido por la historia o los personajes del cine. Del mismo modo, tampoco nos es necesaria ninguna ayuda especial para interiorizar este proceso mental, pues nadie puede haber tenido las mismas vivencias que nosotros, por lo que no existen pautas para realizar las regresiones.

**Usted debe averiguar unos detalles esenciales:**

1. El sexo que tenía.

2. El lugar geográfico en que vivió la mayor parte. El nombre del país no importa, sino sus características climáticas y geológicas.
3. El trabajo que desempeñaba.

**He aquí una experiencia real:**

*"Yo tenía una gran cantidad de sensaciones de haber sido asesinada en el desierto y dibujé muchas de estas escenas, pero sin realmente saber lo que dibujaba, pues afloraban discretamente de mi interior. Cuando empleaba cuchillos de cocina tenía la sensación de que me cortaría con mis propias manos. Parecía estar inconsciente de ello hasta que otros me decían: 'Por favor, deja de jugar con ese cuchillo.'*

*Ahora estoy segura de que mis impresiones procedían de haber sido asesinada en otra vida y que entonces mi cuerpo fue cortado en pedazos, aunque he preferido no contarle a nadie estos hechos, hasta ahora. Manejar un cuchillo era para mí una señal obvia, además de otros sentimientos y visiones que he tenido y que nunca compartí con otros.*

*Estas impresiones, ciertamente desequilibradas, han estado golpeando en mi interior y han conseguido penetrar en mi mente consciente, esperando ser equilibradas y aceptadas por mi ser entero, tanto en la mente consciente como en el subconsciente. La experiencia sigue presente todavía de algún modo, y se ha involucrado como una fotografía en mi vida y afectado a mi vida social, haciéndome miedosa y percibiendo emociones muy intensas sin ninguna relación con mi vida real.*

*Finalmente estoy triste, con una depresión real, y poseo todo el dolor que seguramente se siente cuando una persona es ase-*

*sinada, viviendo todo el entorno de esa circunstancia. El consuelo es que estoy segura de que todo está originado por una experiencia traumática en otra vida anterior y eso me da cierto consuelo de que nada sucederá ahora realmente."*

La conclusión es que nosotros no somos seres humanos que tienen una experiencia espiritual, sino que somos seres espirituales que tienen una experiencia humana.

## *¿Cuánto tiempo transcurre entre cada reencarnación?*

Pudiera ser que se necesitara cierto impulso kármico para resolver desequilibrios, pues al alma le gusta resolver eventos o acontecimientos mediante otra experiencia en un cuerpo físico que equilibre una existencia anterior. Cuanto más corto es el tiempo, más impulso es necesario para resolverlo.

Hay quien asegura que el tiempo a transcurrir es de unos ochocientos años, pues la mayoría de las personas recuerdan acontecimientos de esa época, aunque también es frecuente quien asegura que todo es inmediato y que tomamos otro cuerpo rápidamente. Pero si sabemos algo del mundo de los espíritus y los fantasmas, posiblemente nos daremos cuenta de que el tiempo no es inmutable para todos y que se exigen al menos de diez a cincuenta años para poder formar parte de otro organismo. De esta manera, las personas que han muerto entre 1940-1980 es posible que ya estén reencarnadas

También es posible que en épocas en las cuales el promedio de vida era más corto, los tiempos fueran igualmente cortos, pues al no disponer de tantos años para acumular experiencias los reajustes serían menores. Hoy cualquier persona que viva ochenta años habrá conocido alguna guerra, viajado, aprendido varias materias, trabajado en varios empleos y hasta posiblemente tenga descendencia en forma de hijos y nietos. Todos estos acontecimientos hacen que el período para una nueva vida tenga que ser más dilatado, pues hay mucho que ajustar.

### *¿Existe algo como un limbo entre cada vida?*

Es difícil contestar a esta pregunta, pues nuestra concepción del tiempo y el espacio no se ajusta a preceptos divinos o sobrenaturales. Igualmente, si nuestra conciencia está conectada perfectamente a la materia orgánica, al cuerpo, le será más difícil desligarse y permanecer en un plano astral, lo que nos explicaría ese afán de los fantasmas por poseer un cuerpo humano.

Mediante premoniciones y experimentos paranormales, sabemos que aquellas personas que tienen una muerte violenta y dejan sus cuerpos bruscamente, quedan desconcertadas guardando durante algún tiempo las impresiones y vivencias del plano físico. Por eso no debemos considerar a los fantasmas como algo "malo", al menos tal como el vulgo quiere mencionarlos, pues la realidad es que se encuentran desorientados y no sienten que ya han perdido su conexión con el cuerpo físico. Quieren seguir participando en la vida normal, pero son incapaces sin un cuerpo físico, por lo que se ven obligados a emplear mediadores, médiums, a través de los cuales proyectan sus deseos en las mentes de las personas.

Como conclusión y refiriéndonos a aquellos seres que no están limitados en esa trampa dolorosa, creemos que permanecen en un reino más sutil del plano astral, desde donde se preparan para otra proyección en un cuerpo. Por eso es importante no emplear la palabra tiempo entre las encarnaciones, pues éste es percibido diferentemente por cada ser, dependiendo de lo que haya sido su vida física anterior y la conexión disponible para fundirse con otro cuerpo.

### *¿Es posible definir con exactitud la fecha y el lugar de anteriores reencarnaciones?*

Salvo que haya sido en un periodo corto, unos cincuenta años antes, no es fácil precisar el lugar en que hemos vivido. El problema para definirlo es múltiple pues, por una parte, solamente recordamos periodos cortos y hechos muy concretos. No es frecuente que nos veamos en diferentes lugares, ni siquiera que podamos escuchar palabras o sonidos. Todo sucede fugazmente y, si la época es anterior a la invención de la imprenta o la fotografía, los datos de que disponemos ahora puede que no sean exactos.

Por ejemplo: nuestros conocimientos de la época de los emperadores romanos puede que no sea correcta, como tampoco lo será sobre la edad de oro española o la vida en África. Sabemos lo que algunos historiadores nos han legado y disponemos de dibujos y posiblemente de piezas destartaladas en algún museo. Pero todos estos datos no pueden ser fidedignos y aunque en otra vida hayamos vivido durante el dominio del emperador Nerón, por ejemplo, si nuestra vida transcurrió en el norte de Italia el clima obligaría a que la gente se vistiera con pieles, algo muy alejado de lo que hemos visto en las películas. Si usted ve en sus regresiones imágenes de gentes con gruesas pieles, nieve y trabajadores labrando la tierra, no podrá saber que en realidad se encuentra en esa época y pensará que está en Suecia o Rusia.

Las fechas y los detalles particulares nos pueden ser aportados por entidades que nos ayudan en nuestra encarnación actual. Se trata de esos seres que se denominan como ángeles guardianes o espíritus benignos, quienes suelen estar conectados con personas que también han tenido vidas anteriores y así obtienen multitud de datos que a nosotros nos sería imposible.

***¿Son entonces los ángeles guardianes unas entidades que nos acompañan en todas nuestras vidas?***

Posiblemente sea así y exista un solo ángel guardián para todas nuestras existencias terrestres. Si como dicen son inmortales y existen desde los albores de la Creación, muy probablemente estén disponibles para atender a una sola alma, aunque según mis informes esta disponibilidad hay que demandarla. También es posible que su presencia a nuestro lado dependa de que nuestro comportamiento físico haya sido adecuado a los mandatos de su dios, lo que avalaría la tesis difundida por todas las religiones de la necesidad de un buen comportamiento en este mundo para poder alcanzar el otro.

Otras personas no hablan de un ángel en el sentido literal de la palabra, sino de alguien o algo que nos acompaña durante toda nuestra vida. Esta presencia parece ser que no es producto de una casualidad, sino del resultado de tener buen karma, o una sensibilidad especial para conectar con ellos. Puesto que ya sabemos que no se encuentra lo que no se busca, estas entidades estarán a nuestro lado si nosotros creemos en ellas y les pedimos su apoyo.

***¿Somos receptores que recibimos señales de otras vidas anteriores, o es algo que llega sin preparación ni cualidades especiales?***

Al recordar vidas pasadas, la mente consciente se convierte en un receptor, pero solamente ocurre si creemos en este sistema. Usted recibe entonces impresiones en un plano sutil mayor, donde cualquier acontecimiento a ese nivel es accesible, como una película. Cuando estas percepciones sutiles aumentan, la mente está funcionando conscientemente como un almacén para sensaciones diferentes, aunque mucha gente las confunde y las describe como visiones, alucinaciones o revelaciones, según las juzgue un parapsicólogo, un médico o un religioso, respectivamente.

Ésta es la razón principal por la cual muchas personas, miles en todo el mundo, no son conscientes de que han tenido otras vidas, pues suelen comentar estas sensaciones con ignorantes en esos temas que les catalogan, casi, como dementes. Si usted cae en manos de un psiquiatra posiblemente le catalogue como esquizofrénico, si lo comenta con su médico le preguntará si consume drogas, y si lo hace en público solamente recogerá risas. Advertido está.

Lo cierto es que en sus mentes conscientes aparecen datos similares a cuando alguien es hipnotizado. Si usted está especializado en este tipo de cuestiones, se quedará tranquilo y solamente buscará conseguir cualquier fecha o información sobre ese acontecimiento que le deje las cosas más claras.

***Viendo nuestra vida actual, mucha gente se preguntará si merece la pena vivirla y decidan suicidarse para empezar cuanto antes una nueva y mejor existencia. ¿Es una solución válida?***

Al igual que ocurre con los accidentes mortales imprevistos o el aborto, el suicidio es una experiencia muy traumática para la persona y posiblemente se encuentre en la otra vida en un estado de confusión tal que le deje descorazonado. Serían entonces como esos espíritus errantes que vagan por las casas y a quienes les escuchamos lamentarse de su mísera existencia astral.

Ya hemos explicado que para reencarnarse en una mejor existencia se hace necesario haber llevado una vida adecuada, correcta, y el suicidio no es algo que la naturaleza ha planeado para los seres vivos. La muerte brusca no resuelve nada y se pierde una oportunidad única en nuestra existencia, y posiblemente el alma del suicida se retire a lugares astrales muy oscuros donde impera la tristeza y la angustia.

Afortunadamente, después de esa doble experiencia traumática, suicidio y la vida de tristeza consecuente, una nueva encarnación se prepara y el alma entra en el plano físico sin el recuerdo del suicidio anterior. Todo parece entonces en orden, pero la mente del nuevo ser captará esa experiencia, recibirá señales dolorosas y posiblemente se encuentre de nuevo en la misma coyuntura, mirando nuevamente el suicidio como una alternativa para resolver problemas.

Una advertencia: en ocasiones, las personas con depresiones o pensamientos de suicidio están presionadas por espíritus malignos que dejaron sus cuerpos por muerte intencional o un suicidio igual, y que solamente desean venganza.

### *¿Hay testimonios de que se reencarnen también los animales, plantas y minerales?*

Existen manifestaciones de personas que afirman haber sido anteriormente águilas, cisnes o gorilas, pero como esa selección nos parece demasiado preferencial (nadie ha dicho nunca haber sido una cucaracha, por ejemplo), es posible que se deban a delirios o deseos personales.

Si hacemos caso a la religión o a los científicos y en base a ello consideramos a los seres humanos como la especie más evolucionada, posiblemente nadie esté dispuesto a admitir una nueva vida en forma animal o vegetal. No obstante, si tenemos en cuenta la evolución de las especies y de la misma vida en el planeta, posiblemente a todos los seres vivos nos toque vivir toda clase de vidas, incluida la mineral. Sería una forma de evolución en círculo, en la cual nadie es mejor que nadie.

Esta consideración plantea nuevos problemas, algunos religiosos, pues entonces queda en entredicho la salvación por medio del sacrificio de Jesucristo, del mismo modo que habría que revisar las demás religiones. Si repasamos la historia veremos, no obstante, que numerosas civilizaciones y culturas admitieron la reencarnación en animales, como es el caso de la egipcia, y en una gran cantidad de creencias místicas aparece el hombre ligado siempre a un animal sagrado.

De todas maneras, primero habría que admitir científicamente el hecho de que los animales y las plantas tuvieran cerebro, sintieran emociones, para posteriormente decidir si poseen igualmente un espíritu inmortal. Puesto que ni siquiera hemos podido comunicarnos con los primates, mucho me temo que la posibilidad de saber si los animales tienen un alma es poco menos que improbable; figúrense si hablamos de los vegetales o los minerales. En general, en el caso de gatos o animales domésticos existen historias que afirman su presencia espiritual una vez muertos, pero como forman también parte de las leyendas y cuentos, poca gente las ha tenido en cuenta.

He aquí una experiencia:

*"Nosotros teníamos un perro llamado* Silas, *y él aprendió una habilidad especial: cómo acompañar a un caballo, y algunas otras cosas muy específicas. Después de un año fue atropellado y muerto por un camión; pasados unos meses, mi novia recibió otro perro que acogimos en nuestra casa. Le llamamos* Misha. *Tenía colores similares a* Silas, *pero sus ojos eran diferentes, y también poseía unas habilidades diferentes. Pero* Misha *sabía hacer unas cosas simi-*

*lares, como acompañar a un caballo. Con el tiempo, su personalidad era idéntica a la de* Silas *y por eso pensamos que su espíritu se había fundido."*

***Entonces, ¿existen pruebas de que los humanos nos reencarnamos igualmente en animales? ¿Es ésta una opción o una imposición del azar?***

Algunos estudiosos dicen que no, y mientras algunas religiones lo niegan, esencialmente aquellas que contemplan el sacrificio de los animales a sus dioses, otras lo consideran como un privilegio. En mi opinión, la respuesta debe ir unida a la posibilidad de que los animales tengan o no un alma, o similar.

Deberíamos primero definir lo que entendemos por alma, pues si la describimos como conciencia, la posibilidad existe. Todo animal se esconde ante el peligro, huye cuando su enemigo es más poderoso y en algunas especies, como los animales domésticos, sabemos que se sienten atemorizados cuando han hecho algo malo. Pudiera ser instinto de supervivencia o conciencia, pero lo cierto es que la mayoría de sus sentimientos son similares a los nuestros.

Cada cuerpo tiene ciertos rasgos individuales, y estas características le proporcionan una conciencia personal y una capacidad de supervivencia igualmente distinta. Los humanos sabemos que somos eso que denominamos como personas, con una edad y una identificación de personalidad. Pero si abrimos bien los ojos y observamos a los animales más próximos, como los gatos o perros, veremos que también han individualizado sus atributos; la conciencia está conectada profundamente con su naturaleza, pero también tienen reacciones inteligentes en cuanto a la existencia.

Otros animales o plantas también poseen esta conciencia, pero posiblemente no tan individualizada, como es el caso de las ovejas o las hormigas, y se proyecta como una conciencia de grupo.

Los cuerpos poseen en general una red nerviosa y unos canales por donde fluyen los líquidos orgánicos, así como una capacidad de adaptación al medio. Eso podríamos definirlo también como conciencia, con la diferencia de que en los vegetales el sistema está abierto y en comunicación directa con la naturaleza, no tan individualizado como en el ser humano. No obstante, al final, todos formamos una unidad con la naturaleza y nos reintegramos a ella en nuestra muerte.

Un alma humana o conciencia en principio no puede entrar en una forma de planta, pues sus vivencias no corresponden o, si lo hace, necesita un poco de flexibilidad. Algunas personas que han realizado viajes astrales describen el sentimiento de conectar con una montaña, identificarse en parte con ella, pero posiblemente ese intenso sentimiento sea la consecuencia de su amor por la naturaleza.

Por eso, si consideramos el tradicional concepto de alma, vemos que va unido a una personalidad física, y la unión con un vegetal no parece posible, aunque sí con un animal. Pero si el concepto de alma se percibe como una proyección de la conciencia en un cuerpo, entonces es simplemente otra manera de incluir la conciencia.

Por consiguiente, podríamos admitir como válida la posibilidad de que todos los seres vivos nos tengamos que reencarnar en todas las especies, pues salvo cuestiones religiosas, no hay nada que nos demuestre que los humanos somos los hijos predilectos de los dioses y por eso nos ha tocado la suerte de ser siempre como somos. Esto puede suponer un consuelo para muchos y una gran satisfacción para otros, pero la realidad no siempre va unida a nuestros deseos.

### *¿Existe un límite en el número de vidas en la Tierra?*

Primero deberíamos definir lo que nosotros llamamos una vida, y cómo determinamos una entidad. Cuando se han realizado coloquios con personas que han asegurado haber vivido una o varias reencarnaciones, todos hablan al menos entre una o diez vidas. Posiblemente, aunque el número de vidas pasadas sea muy superior, nuestro subconsciente no pueda retener toda esa inmensa acumulación de datos y, por tanto, terminará borrándolas de su memoria. Puesto que nadie es capaz de admitir que nuestro cerebro o nuestros genes poseen una capacidad ilimitada de memoria, lógicamente para introducir nuevos datos se hace necesario borrar otros.

El raciocinio nos puede llevar a la siguiente conclusión: si el planeta Tierra tiene ya unos cuantos millones de años de vida, debemos admitir que la reencarnación del hombre debió comenzar desde el mismo momento de su existencia, pues no parece lógico que solamente se pueda efectuar cuando el ser humano tomó conciencia de su papel en el universo. Si esto es así, y admitiendo que los humanos solamente nos reencarnamos en otros humanos, posiblemente el número de encarnaciones sea inmenso, miles y miles. Después vendrían las lucubraciones sobre vida en otros planetas y universos, pues de ser así el número de reencarnaciones nos desbordaría cualquier cálculo. En este momento, la teoría de una mente limitada para retener tantos miles de años de experiencias aparecería como muy probable.

### *¿Y qué papel juega entonces Jesucristo?*

Es un tema que puede herir susceptibilidades y, además, en el que nadie puede asegurar que lleva la razón absoluta.

Si admitimos que Jesús es el hijo de Dios hecho hombre todo es posible, pero de no ser así tendríamos que considerar la posibilidad de que también se haya reencarnado varias veces. Los nuevos Mesías, y muchos de los otros grandes profetas que han llegado hasta nosotros, pudieran ser la consecuencia de esas nuevas encarnaciones, pero en asuntos religiosos solamente podemos hacer conjeturas.

***¿Puesto que hay vidas pasadas, podemos estar seguros de que también habrá vidas futuras?***

Sí, una vez que hemos admitido que nuestro concepto del tiempo es algo abstracto. También debo insistir en que debemos igualmente modificar nuestras teorías sobre el espacio, en cuanto a distancias entre un punto y otro, pues hay que dejar la posibilidad de que muchas reencarnaciones se efectúen en otros lugares del universo.

El espacio más corto entre dos puntos es la línea recta, pero eso siempre que ese espacio sea rígido. Suponga una cartulina de plástico flexible en la cual trazamos un punto en una esquina y otro en la opuesta. Aparentemente, si queremos llegar por el camino más corto lo deberemos hacer en línea recta, pero si esa cartulina la doblamos y hacemos coincidir ambos puntos ya no hay distancia. Ése es el concepto de espacio que hay que asimilar cuando hablamos de vida en otros planetas.

***¿Alguien ha mencionado entonces que ha vivido anteriormente en otros planetas?***

Ése es un problema del cual se habla mucho, pues aunque se admite como probable la vida inteligente en otros mundos, poca gente se atreve a hablar de encarnaciones allí.

Generalmente, antes de encarnar o proyectar la conciencia en el plano físico, la mayoría de las entidades escogen planos más sutiles y esos lugares pueden ser lugares tan comunes como Venus, Júpiter y el Sol. Puede que esos astros sean hostiles para nuestro cuerpo físico humano, pero indudablemente deberán ser aptos para entidades etéreas.

Cada vez hay más personas que recuerdan haber dejado semillas en otros lugares del universo y por eso sienten una intensa conexión hacia las estrellas, en especial las Pléyades, Sirio u otras puertas etéreas. Nosotros solamente podemos pensar y analizar estas cosas desde un aspecto físico, pero la faceta etérea es mencionada ya por numerosas personas.

***¿Podría explicar lo que significa estar libre del karma o fuera del shamshara?***

Algunas religiones, especialmente orientales, lo describen como estar atrapados en el plano físico, y proporciona recomendaciones para quedar libres, como algunos sistemas de Yoga. Posiblemente la vida sea una dualidad del plano físico y una oportunidad para crecer espiritualmente, no para salir o escapar, sino para dominar ese binomio bueno y malo. Desde esta idea el karma es un instrumento, una herramienta para comprender esa dualidad, y nos veremos libres de él cuando comprendamos su enseñanza.

***¿Es cierto lo de las vidas o universos paralelos?***

Muchas personas son conscientes de que todo en el universo está duplicado, que existen dos polos opuestos y que la dualidad masculino-femenino es esencial para el equilibrio universal. Hay una teoría, ciertamente apasionante, que nos afirma que en el mismo momento en que nosotros efectuamos una acción otra persona, en otro lugar, está realizando lo mismo.

Por ejemplo: a usted se le ocurre una idea para un invento, una campaña publicitaria o para dar un discurso teológico. En ese mismo momento, pero en otro lugar del planeta, a alguien se le han ocurrido las mismas cuestiones. Por eso no es una casualidad que la mayoría de los inventos sean reivindicados por dos personas diferentes, y dependerá de las oportunidades que tenga cada uno para patentarlo antes que el otro, para hacerse para siempre con su autoría. Si repasamos la historia de los grandes inventores, veremos que siempre dos personas han coincido en la misma época y las mismas soluciones.

También es posible que esto incluya a los asuntos del alma y en este caso tendríamos dos entidades etéreas similares que entran en cuerpos distintos, con lo cual se lograría finalmente dos individuos con un carácter y en ocasiones un físico casi igual.

Si podemos entender el concepto de que nuestras almas se fragmentan y existen en varios planos, entonces también podemos considerar esto: nuestras almas están capacitadas para existir al momento en muchas realidades. Una semilla pequeña de nuestra alma es todo lo que se necesita para manifestarse en cada realidad. De hecho, nosotros nos encontramos todos los días con nosotros mismos. La persona que se sienta al lado nuestro puede, de hecho, ser una manifestación del alma.

### *¿Por qué a tantas personas cultas les resulta absurda la idea de la reencarnación?*

No debe confundirse memorizar textos académicos con ser inteligente, ni cultura con materias concretas. Aprender en una universidad y poner años después el título de graduado en la pared de un despacho no otorga inteligencia a nadie. Solemos confundir estos términos con frecuencia, del mismo modo que consideramos más inteligente a un ingeniero que a un pintor.

Las personas ciertamente inteligentes son igualmente sensibles a las señales de la naturaleza y el espíritu interno, y no desprecian aquello que no entienden. Por eso es más frecuente que las personas sensibles puedan captar con más facilidad lo que encierra el mundo del alma, que quienes solamente leen y memorizan lo que otros pensaron y escribieron antes.

Un científico es raro que pueda admitir otras vidas después de ésta, pues lo que hay en el más allá no se puede medir ni valorar, solamente sentir, y eso no se enseña en una escuela. Lo primero que tendrían que hacer es cambiar su noción del concepto espacio-tiempo, y eso iría en contra de lo que han estudiado con tanto esfuerzo. Curiosamente, criticar la reencarnación y la otra vida proporciona habitualmente más prestigio que defenderla, por lo que incluso muchas personas cultas evitan manifestar en público sus posibles creencias en la otra vida.

### *¿Es posible que dejemos en algún momento de reencarnarnos?*

Muchas personas se preguntan: ¿qué significado tiene vivir tantas vidas sin parar? La respuesta es sencilla mediante otra pregunta: ¿una vida es suficiente para experimentar el milagro de la creación?

Piense por un momento en algunas hipótesis. Por ejemplo, una persona que no tenga ninguna visión sobre sus vidas pasadas, o sea, la mayoría de las personas. Cuando llegan a viejos no tienen ninguna visión optimista sobre su futuro y apenas creen que les quedarán uno o dos años más para disfrutar de la vida, si es que la disfrutan. Si les preguntamos si les gustaría vivir eternamente dirían que no, al menos bajo su aspecto actual. Para estas personas la vida es un sufrimiento y están casi deseosas de morir cuanto antes. Hablan del "descanso eterno".

En el lado opuesto tenemos a las personas que han tenido alguna visión sobre sus vidas pasadas. Si les preguntamos por ello dirán que su alma es inmortal y que toma posesión de otros cuerpos, y recuerdan habitualmente su primera proyección en una forma humana que vivió otra época y cultura. Saben que la vida continuará con otra reencarnación, aunque no están seguros de en quién ni en dónde. Piensan que el final de las reencarnaciones terminará al mismo tiempo que la vida en la Tierra y admiten la posibilidad de un paraíso eterno.

### *¿Por qué es tan difícil comprender todos estos misterios de la Creación?*

Imagine que está buceando en el océano, pero en muchas áreas diferentes al mismo tiempo, y que almacena en su mente todo lo que ve. Su vista y la apreciación global donde se encuentra buceando está limitada por la densidad del agua, por lo que solamente puede mirar unos pocos pies, porque ésa es la percepción que sus sentidos le permiten atravesar. La mente es algo similar en cuanto a la capacidad de entendimiento, mostrando una percepción limitada.

### *¿Existen diferentes etapas entre la muerte y la otra vida?*

En el momento en que dejamos nuestro cuerpo al morir, recordamos bruscamente todas las impresiones de la vida, como si fuera una película. Hay otro momento después en el cual comienza la separación de nuestro espíritu o alma, en el cual vemos cosas que ya no pertenecen a nuestra vida mortal, como luz, figuras religiosas o nuestros antepasados que nos acompañan. Desde ese momento es cuando comenzamos a integrarnos en el mundo de los espíritus, en una fase de espera intermedia en la cual lo normal es estar desorientado y en ocasiones temeroso.

***¿No es posible que todo esté lejos de nosotros?***

Personalmente siempre he tenido problemas con esa creencia de que la otra vida está fuera de la Tierra, en otra parte, y hasta que debemos regresar de algún sitio concreto. Siempre he pensado que el tiempo es una noción nuestra, pero no la dimensión del alma. De todas maneras, para poder entendernos al hablar de este tema es necesario que empleemos términos bien conocidos, aunque no sean correctos, pues de otra manera sería como sintonizar emisoras distintas.

## EL PROCESO DE LA REENCARNACIÓN

Cuando una extensión del alma ha finalizado su etapa de descanso y ha repasado su reciente vida, empezará a planear su próxima encarnación. Posiblemente, o al menos nos gustaría que fuera así, escogerá a sus padres, hermanos y hermanas, oportunidades educativas, cuerpo de varón o hembra, color de piel, aspecto y, quizá, la configuración astrológica de su nacimiento.

El verdadero trauma no es la muerte, sino el nacimiento. Un espíritu libre ha regresado ahora para entrar dentro de un cuerpo físico que incluso no está todavía desarrollado y podemos afirmar que se trata de un cambio traumático. Hay quien asegura que la muerte de un recién nacido, en el parto o a los pocos días, es debida a que el alma que acaba de entrar en ese cuerpo físico cambia de opinión y regresa a su estado anterior. Lógicamente, un cuerpo sin alma no puede sobrevivir y el bebé muere.

## TERAPIA DE REGRESIÓN DE VIDAS PASADAS

Muchas personas rechazan la idea de saber cómo han vivido en una vida pasada por los problemas que ello conlleva, puesto que ya bastantes complicaciones tienen en la vida presente. Esto parece razonable; sin embargo, en la práctica de regresión clínica, los clientes descubren que esa vida presente tiene unos problemas que provienen a menudo de los eventos traumáticos en vidas anteriores.

### Los recuerdos de vidas pasadas pueden llegar a nosotros de muchas maneras:

1. Aficiones extrañas.
2. Habilidades no heredadas de la familia.
3. Sueños recurrentes.
4. Situaciones que no tienen explicación.
5. Circunstancias, personas, lugares o cosas, que nos aterrorizan sin una causa conocida.
6. Fobias desde el nacimiento.
7. Miedo al mar, a hablar en público, o a las alturas.

Cuando los psiquiatras o psicólogos se encuentran con un comportamiento anómalo en un paciente, frecuentemente tratan de averiguar los posibles acontecimientos traumáticos de su niñez. Esta búsqueda suele ser obsesiva, pues están seguros de que cualquier alteración psíquica proviene de hechos anteriores que nos han marcado. Obviamente tienen razón, pero no tienen por qué haberse producido en nuestra niñez. Quizá sean vivencias de nuestros antepasados que han quedado grabadas en nuestros indelebles genes o, también frecuentemente, acontecimientos importantes que ocurrieron en otras vidas pasadas.

A menudo no logramos destapar de nuestra memoria subconsciente una muerte por asfixia, ahorcamiento o quema ante una muchedumbre, circunstancias éstas que se daban con frecuencia, y legalmente, en épocas no demasiado lejanas. También es posible que hubiéramos caído al vacío en un acantilado o a un pozo negro, con el resultado de muerte.

## Explorar siglos atrás

En el momento en que estos traumas de vida pasados se exploran y se resuelven con una terapia, las fobias dejan de existir para los enfermos. El proceso de terapia de vidas pasadas es empleado eficazmente por profesionales de la salud mental en muchos países y poco a poco rivaliza en eficacia y popularidad con el hipnotismo o el psicoanálisis.

A través de los sentimientos, las emociones y las sensaciones del cuerpo, asociadas con un problema de la vida presente bien identificado, el enfermo trata de localizar la fuente o la causa del problema. Esto lleva al descubrimiento de una memoria llena de dolor en una vida pasada y esa personalidad dolida se filtra sin problemas hasta nuestro inconsciente y nos lleva a una encrucijada.

La solución es que el terapeuta ayude al enfermo a que resuelva cualquier problema emocional antiguo, cualquier negocio inacabado en esa vida, y que lo integre solamente como una experiencia en su vida presente. Si lo logra, ese detalle del carácter de su vida pasada, como un espíritu, se marcha del cuerpo y con ello la escena de dolor.

Muchos problemas emocionales y conflictos son rápidos y eficazmente resueltos a través de la terapia de regresión a vidas pasadas, normalmente con menos sesiones que con la terapia convencional. Puesto que se considera que muchas dolencias físicas son psicosomáticas, o que al menos están agudizadas por las emociones, con estos tratamientos se consigue que empiecen a disminuir o a cesar totalmente.

## El espíritu encadenado

En la práctica, el terapeuta entrenado en la Terapia de Vidas Pasadas (PLT) y la Terapia de Soltar al Espíritu (SRT) reconocerá que algunos de los guiones de las vidas pasadas no pertenecen al enfermo; hay alguien más, posiblemente un espíritu atado a un ser humano difunto.

Hay métodos específicos de diferenciar los dos. Esta circunstancia se ha etiquetado históricamente como posesión de un espíritu, pero el término más exacto sería atadura del espíritu e indica una interferencia, un evento mucho más común que la posesión completa. Hay quien, haciendo mal uso del idioma, habla de "entrar en una persona", "estoy poseído" o "no soy yo quien hace esto". También hay quien, para justificarse incluso de sus malas acciones dice que "el diablo me obligó a hacerlo" o, mucho más terrenal, "me lavaron el cerebro". Todo vale para que nos exculpen de nuestras barbaridades y maldades.

La posibilidad de ser poseído por un espíritu, es decir, la toma completa o parcial de un humano viviente por una entidad aún no encarnada, se ha reconocido, o por lo menos teorizado, en cada época y cada cultura. Una conciencia separada del cuerpo parece querer atarse a él y logra unirse total o parcialmente con la mente subconsciente de una persona viviente. Cuando lo logra ejerce algún grado de mando en la conducta, el funcionamiento mental y las emociones, así como diversos síntomas y enfermedades en el cuerpo físico.

La atadura a cualquier persona dada puede ser completamente casual, incluso accidental. Una atadura puede ser benévola por naturaleza, o también servir para cumplir una necesidad personal del espíritu, malévola en su intención, o completamente neutral. Algunos investigadores en este campo estiman que entre el 70 y el 100 por 100 de la población está afectada o influenciada en algún momento de sus vidas por una o más entidades no encarnadas.

## La Terapia de Soltar al Espíritu

El tratamiento para liberar la atadura del espíritu consiste en seis pasos distintos:

- El primer paso es descubrir e identificar cualquiera y todos (no hay una cifra justa) los espíritus y entidades no encarnados ligados. Hay muchas pistas que ayudan al terapeuta en el descubrimiento de una entidad atada.
- El segundo paso es el diagnóstico diferencial. La mayoría de las entidades atadas entran en una de estas tres categorías: los espíritus de humanos difuntos, embarazos terminados en aborto o fragmentos de la mente de personas vivientes. También es posible que haya entidades de fuerzas oscuras, históricamente denominados como demonios, y forasteros o ETs, es decir, seres de

otros mundos, dimensiones o densidades. Hay otros que desafían cualquier clasificación.

- El tercer paso es el diálogo con la entidad. Cada tipo requiere el tratamiento preciso que le llevará a soltar de buena gana a la persona e irse a su propio y apropiado destino.
- El cuarto paso es el descargo real de la entidad atada; cada tipo diferente requiere un proceso igualmente distinto.
- El quinto paso es una situación imaginaria específica guiada por el enfermo. Es importante, metafóricamente, llenar el espacio que queda después de que desliguemos a ambos seres.
- El sexto paso trae consigo una terapia continuada. Más entidades pueden encontrarse allí y pueden soltarse en sesiones subsecuentes. La terapia de vidas pasadas y la recuperación de los fragmentos son vitales para restaurar el equilibrio. Es esencial resolver el conflicto y curar la vulnerabilidad emocional que permitió inicialmente la atadura del espíritu.

## Recuperación de la Fragmentación del Alma-mente

La Recuperación de la Fragmentación del Alma-mente (RSF) es un acercamiento clínico a la recuperación del alma, un método chamánico muy antiguo de curación. Se consideraba que la enfermedad era causada por la pérdida del alma de uno, o parte de ella. Los chamanes viajaban en el éter para recuperar el alma y se la devolvían a la persona enferma, con lo cual se restauraba totalmente su salud, siendo la actitud del enfermo totalmente pasiva durante el trabajo del chamán.

En la RSF el enfermo explica su enfermedad para localizar el trauma original, recupera el fragmento perdido y lo incorpora con alegría en su cuerpo y mente, siendo el único momento en que toma parte activa en su curación. Este tipo de enfermedad también se refleja en nuestro idioma, aunque de manera diferente: "Ha sido una experiencia desastrosa", "Estoy destrozado y cayéndome a pedazos", "Me encuentro ausente y no consigo concentrarme" o "Yo dejé mi corazón en San Francisco". En cualquiera de estos casos la curación debe ir unida a nuestra sabiduría interna, pues se necesita la unión del cuerpo con el alma.

Los traumas físicos y emocionales pueden causar la fragmentación y la formación de personalidades alternativas, algunas de las cuales son advertencias bien claras de lo que posteriormente vendrá. El trauma hay que curarlo hasta su total resolución, sin dejar ningún residuo emocional, y el fragmento se recupera y se reintegra. Con el fragmento ya incorporado, el enfermo informará de un sentimiento de calor moderado, paz, y una nueva sensación agradable en su conjunto. La fragmentación como fuente de enfermedad es un concepto importante en las tradiciones curativas nativas y puede demostrar ser un hilo importante en la curación holística.

Normalmente se pueden ver resultados mejores si se emplean las tres modalidades relacionadas. Se alivian muchos problemas emocionales y algunas afecciones físicas a través de la Terapia de Vidas Pasadas, la Terapia de Soltar el Espíritu y la Recuperación de la Fragmentación del Alma-mente. La terapia de regresión es una experiencia profunda para el terapeuta, así como para el enfermo, y constituye una psicoterapia tranquila y en ningún momento traumática.

## ¿VIDA PASADA O ENTIDAD ATADA?

Las técnicas de la Terapia de Vidas Pasadas han sido probadas como eficaces para muchas condiciones y problemas específicos. Hay todavía casos, sin embargo, donde los resultados apenas consiguen nada positivo, y la razón puede estar en que no se está usando la herramienta correcta para el trabajo. Normalmente, el enfermo localizará la fuente real de su problema si el terapeuta hace las preguntas correctas. Describir la vida pasada y revivificarla no siempre son parte de la historia del alma del paciente.

A continuación se muestran cinco claves para ayudar a diferenciar entre la experiencia de vidas pasadas de una persona y lo que ocurre cuando un alma se encuentra atada a la tierra. Un espíritu no encarnado aún puede ocasionar una intensa interferencia y ser la causa de que muchas personas no encuentren el sosiego.

### He aquí cinco preguntas claves para ayudar al diagnóstico:

(Obviamente, deberán ser efectuadas sobre sus vidas anteriores.)

"¿Cómo ha sido su muerte?"
"¿Qué pasó luego?"
"Describa lo que sucede ahora."
"¿Cuántos años tenía cuando se unió a este ser?"
"¿Había ya alguien en él cuando efectuó la unión?"

### ¿Cómo ha sido su muerte?

En el momento de la muerte hay varias opciones disponibles para el espíritu recientemente difunto. Puede pasar a la

Luz, acompañada por los espíritus que quieren guiarle, frecuentemente familiares difuntos. También puede demorar su desunión con el plano corporal por diferentes razones y permanecer en alguna situación como un espíritu persistente, o unirse a una persona viviente como una entidad atada. El efecto de integrarse en el humano puede ser muy molesto, como una pérdida de energía, llegando en ocasiones a completar la unión y controlar todo si la posesión es total.

Cuando la persona describe la experiencia de su muerte en una sesión de Vidas Pasadas, se da cuenta de que la vida no ha terminado y la regresión no está completa hasta que el ser regresa a la Luz. Si el ser no se acerca a la Luz después de la muerte pero en cambio se describe como "flotando en un lugar gris", flotando encima de su ciudad natal o siendo arrastrado hacia un humano viviente, entonces ésta no puede ser una vida pasada real. Esta conducta de una muerte incierta es una indicación importante, pues nos habla de la posibilidad de una atadura del espíritu.

**¿Qué pasó luego?**

Ésta es la segunda clave. El espíritu puede describir un periodo breve de vagar antes de pasar a la Luz y esto indicaría una vida pasada de la persona. Si describe que ha permanecido flotando indefinidamente, el interrogatorio debe intensificarse.

**Describa lo que sucede ahora**

La tercera clave normalmente destapa el momento de unión con una persona viviente y la realidad de la atadura es a menudo una sorpresa para la persona. La mayoría no saben con exactitud cuándo fue ese momento y, aunque la condición de interferencia del espíritu es casi universal, la mayoría de las personas no son conscientes de estas ataduras parasitarias indeseables.

En este momento de la sesión de Vidas Pasadas, el terapeuta puede darse cuenta de que algo está mal.

## ¿Cuántos años tenía cuando se unió a este ser?

La cuarta clave es una pregunta decisiva en el interrogatorio. Si es la entidad la que responde en realidad, la respuesta normalmente será inmediata. Si es una vida pasada del cliente, la pregunta no tendrá sentido y no interrumpirá el flujo de la narrativa.

La interrogante se refiere al espíritu contraído, el ser que llegó a este cuerpo en particular y normalmente cogerá a la entidad fuera de guardia. A estas alturas sabe que ha sido descubierto y a menudo la respuesta estará expresada en años.

Si la respuesta indica, o incluso hace pensar en la infancia, nacimiento o el periodo prenatal, la entidad atada podría equivocarse y no acertar a responder.

## ¿Había ya alguien en él cuando efectuó la unión?

Ésta es la quinta clave. La entidad explorará y normalmente descubrirá el espíritu en el cuerpo. Ahora que la condición de Entidad Atada es diagnosticada con certeza, los procedimientos para separarle pueden llevarse a cabo. La oportunidad de sanar está disponible para los dos seres, el paciente y el espíritu atado a la tierra, perdido y desconcertado.

**Los casos siguientes son típicos del cambio entre la Terapia de Vidas Pasadas y la Terapia de Soltar al Espíritu, que frecuentemente se efectúan en la misma sesión.**

### *Diana y la señora negra*

Diana tenía dieciocho años de edad y quería explorar la razón por la cual tenía un gran amor hacia la música *reggae* (música hawaiana), la relación con su novio y su miedo a cruzar la calle, pues tenía un miedo terrible a ser atropellada por un automóvil.

La relación con su novio se usó como el punto de arranque de la sesión. Cuando ella mentalmente imaginó a su novio, su contestación la llevó fácilmente a una vida anterior. Describió a una mujer negra vieja que estaba en la cama y a quien su nieto (el novio) visitaba y reconfortaba. Cuando la mujer vieja se murió, en lugar de ir a la Luz ella se sentaba en una colina y esperaba otro cuerpo. Este detalle fue el primer punto importante, pues mostraba a un espíritu atado a la tierra y a una serie de personas. La última persona a la cual se ató era una inocente muchacha.

Un día, cuando esa muchacha cumplió los seis años, estaba en la calle jugando entre dos automóviles estacionados. Otro vehículo que circulaba a gran velocidad se empotró contra uno de los coches y la niña murió al instante, atrapada entre los coches. La entidad surgió del cuerpo de la niña, temerosa y ávida por seguir viviendo.

Éste es el procedimiento que se empleó para realizar la separación:

Terapeuta: *Espera un momento antes de salir. Mira el pequeño cuerpo que hay detrás.*

Diana: "¡Oh!, hay alguien más saliendo también del cuerpo. Le veo ahora caminando hacia una puerta. Es realmente luminosa y muy interesante. Ellos están viendo lo mismo. ¡Oh, oh!, la puerta se ha cerrado y ella se fue en otra dirección.

Terapeuta: *¿Qué pasa ahora?*

A continuación ella localizó finalmente el modo de unión. A su memoria llegaron recuerdos de su nieto, el novio actual de Diana; su afinidad por las personas negras y su música, y el miedo hacia los automóviles que había desarrollado de repente cuando la persona a la que ella estaba atada fue atropellada por un coche. Esta fobia no era el resultado de cualquiera de las vidas pasadas de Diana, ni el trauma de muerte de la entidad, sino la experiencia de una muchacha que se murió con un espíritu atado.

### *Vera y el tallista de piedra*

Vera tenía treinta y seis años, era inteligente y atractiva. Quería explorar la causa de una irritación reincidente y una estrechez en su garganta que se unían a un miedo desconocido por las posibles causas. Tenía tanto miedo a descubrir lo que ella consideraba como un mal mortal que no se atrevía a hablar de ello a nadie.

Vera describió en una sesión de regresión que había explorado una vida pasada suya en Egipto, que se encontró siendo un tallista de piedra masculino que trabajaba dentro de una pirámide que serviría como tumba de un faraón.

En el día que las tallas estuvieron terminadas, los tallistas fueron llevados a un cuarto pequeño por tres guardias. Uno por uno, fueron empujados contra la pared y sus gargantas cortadas. Esta acción fue efectuada para impedirles revelar la naturaleza de las entalladuras y las verdades que habían elaborado.

Ésta era la fuente del miedo de Vera y la verdad sobre la estrechez y la irritación en su garganta. Sin embargo, no encontró alivio con exponer en estas sesiones el origen de su mal y esto sugirió que había otros eventos traumáticos en otras vidas que contribuían a los síntomas. También podría indicar un espíritu atado a la tierra que imponía esta condición.

Se sugirió a Vera que enfocara su conocimiento en la sensación física de la irritación en la garganta y entrara totalmente en los sentimientos emocionales. El puente somático y el puente lingüístico usados juntos son sumamente eficaces para la llegada a otras vidas pasadas.

Éste es el diálogo efectuado:

Terapeuta: *Vera, si esa irritación en su garganta pudiera hablar, ¿qué diría? Si los sentimientos pudieran hablar, ¿qué dirían?*

Vera: Yo no puedo hablar, no puedo hablar —contestó inmediatamente con gran emoción.

Terapeuta: *Dígalo de nuevo. Deje que los sentimientos salgan. Dígalo de nuevo.*

Cuando ella repitió las frases, accedió inmediatamente a esa vida. Esto abrió la memoria de la vida pasada entera que había descrito antes y continuó la historia. El tallista de piedra lamentó no tener tiempo suficiente para meditar y preparar su muerte. Cuando fue espíritu, se separó del cuerpo pero no percibió la Luz (la primera clave).

El terapeuta no debe usar preguntas principales en este momento. Más bien, las preguntas deben incitar a la narrativa sin hacer pensar en una dirección o agenda. (Ahora, la segunda clave.)

Terapeuta: *¿Qué pasó después?*

Vera: El tallista de piedra está solo en el cuarto; los guardias han quitado los cuerpos.

Terapeuta: *¿Qué pasó después?* La pregunta se repite suavemente siempre que la narración del desdoblamiento se retarde o detenga.

Vera: El espíritu se ha ido finalmente del cuarto, flota en el pueblo, observa a las personas en las calles, aunque también toca las cosas o interfiere en ellas con su energía. Ahora está sumamente enfadado. Realmente no sabe qué hacer ni adónde ir luego.

Terapeuta: *Salte adelante hacia otra cosa y vea qué pasa* (la tercera clave).

En este momento ciertos eventos parecen ser revocados más fácilmente. Se involucraba una energía más emocional y la memoria se hizo más activa.

Vera dio tirones en el sillón y empezó a llorar suavemente.

Terapeuta: *¿Qué pasó después?*

Vera: Acaba de entrar en mí.

Terapeuta: *¿Cuántos años tiene usted?* (la cuarta clave).

Vera: Aproximadamente trece.

Terapeuta: *¿Qué le pasó al tallista de piedra? ¿Conoce usted a este joven? ¿Quién está con usted?*

Vera: Una mujer que no tiene nada que ver conmigo. Ella está casada y ni siquiera nos hablamos. Yo la quiero.

Explicación:

Esto sucedía en la vida egipcia. Dos personas se habían encarnado en ese momento y el tallista de piedra no era una encarnación anterior de Vera. Después de su muerte, vagó sobre el lugar, pero no la encontró allí. Después se ató a muchas personas antes de que encontrara a Vera en la vida presente.

Allí pudo expresar su enojo y resentimiento por su rechazo hacia esa vida. Pronto comprendió que no podía estar con ella de ese modo, pero deseaba seguir conectado. En seguida pasó ávidamente a la Luz.

### *Patty y su hermano*

Patty, una mujer de treinta y ocho años, asistió a una sesión de relajación y meditación con un grupo pequeño. Durante los ejercicios de respiración sintió un fuerte dolor en su lado izquierdo. Una vez efectuadas las oportunas pruebas médicas sin que se estableciera ningún diagnóstico, ni solución a su mal, acudió a una terapia de regresión donde descubrió que había un espíritu atado. Con el paso del tiempo se descubrió que era el espíritu de un hermano suyo que había muerto antes de que ella naciera. Su madre llevaba sin tener su periodo menstrual doce meses, pero los médicos habían descartado un embarazo, aunque tampoco sabían las causas de este cese.

Súbitamente tuvo un aborto espontáneo de un feto de aproximadamente dos y medio meses, lo que la llevó a maldecir a su ignorante médico. Patty fue concebida en la siguiente ovulación y parece ser que en su insistencia para nacer el espíritu del niño muerto se unió casi inmediatamente al nuevo feto.

Ésta es la pregunta que fue efectuada en la terapia:

Terapeuta: *¿Había ya allí alguien cuando usted se unió?* (La quinta clave.)

El espíritu reconoció que había otra conciencia en el feto formado, e insistió en que el nuevo cuerpo, el de Patty, era legítimamente para él. Repitió que la intrusa era Patty.

La Terapia de Vida Pasada con este espíritu enfadado, desconcertado, y una exploración en la fase de la planificación, dispersó el enojo injustificado y le instó a que buscara otro cuerpo. Perdonar a Patty era el paso final antes de lograr que ese espíritu abandonara para siempre su cuerpo.

Conclusión:

Los terapeutas de vidas pasadas ya no pueden permitirse el lujo de negar o ignorar la posibilidad de la influencia de los espíritus no encarnados. El potencial curativo de estas terapias es muy alto, y los resultados profundos. La negativa para utilizar este sistema de acercamiento es un perjuicio para el enfermo que pone confianza en el conocimiento y habilidad del terapeuta.

## Reencarnación y karma

***"La ley del karma no es una justicia o sistema de retribución, por la cual cualquiera que tenga mucho sufrimiento en esta vida supone un indicio de que es víctima de un mal karma."***

Nosotros no podemos discutir la reencarnación sin hablar sobre las Leyes del Karma. El karma no es otra cosa que la ley universal de causa y efecto. Es una ley que está incluida en este universo, pero que no está presente de manera fácil, del mismo modo que no se puede acceder con facilidad a otras dimensiones.

Hay mucho concepto erróneo sobre el karma y el modo en que opera. Muchos nuevos maestros han llevado información a un público deseoso de conocimientos, pero frecuentemente han sido corrompidos por esa falta de conocimientos en la cual prima más la lectura masiva de los libros (la venta) que la experiencia real.

Todos y cada uno de nosotros tenemos un pensamiento libre, libertad para escoger y mejorar. Usted puede escoger crecer con alegría, o alternativamente, a través del dolor, angustia y miedo. La Ley del Karma no es una justicia o sistema de retribución, por la cual cualquiera que tenga mucho sufrimiento en esta vida supone un indicio de que es una víctima de un "mal karma". Lo único que ocurre en estos casos es que se encuentra en dificultades que simplemente son el resultado de sus propias creencias sobre ellos. No sólo los humanos sienten remordimientos y sentido de culpa, pues las almas también pueden sentirlo, y con su problema arrastran a no pocos humanos.

Por ejemplo, si una persona debe asesinar a otro ser humano, no es el hecho en sí mismo lo que atrae el karma, pues es el estado emocional y las creencias sobre su ego lo que le llevó al acto del asesinato. Eso creará posteriormente, como resultado, el karma, aunque en ocasiones este hecho ocurre en una vida futura.

*Ventajas de las Leyes del Karma:*

1. Ofrece una comprensión de las frustraciones y obstáculos a aquellos que no parecen merecer este ambiente.
2. Ofrece explicación sobre las enseñanzas de líderes religiosos, incluso de Cristo.
3. Da opciones para disuadir de acciones egoístas, irreflexivas y dañinas.
4. Facilita la creencia en un universo ordenado, uno en el cual la ley y el orden, así como un sentido de propósito moral, dominan.

Para hacer que este confuso concepto se pueda entender, les contaré una historia:

## Charlie, la historia de su alma

La historia nos habla de un alma llamada Charlie, un buen compañero y una persona con poder personal, pero cuyo poder va a ser desafiado. Nace en una familia con un padre muy exigente y que nunca está satisfecho realmente con lo que Charlie hace. Desde el punto de vista del padre, ésta es su manera de demostrar su amor por él, puesto que le está animando a que consiga buenas notas en la escuela y así pueda tener luego éxito en la vida. Está convencido de que no es autoritario y que en realidad es una persona tierna, suave, y que alienta a su hijo a que no sea tan femenino y débil, pues lo considera un muchacho que se parece muy poco a lo que él considera un hombre.

Charlie, sin embargo, todavía un muchacho, entiende este comportamiento como una señal de descontento hacia él y por ello está desilusionado, pues simplemente no se considera apreciado. La madre de Charlie, por otro lado, despliega todas las calidades que su padre no tiene y trata de ser amable, mansa y alentadora, aunque en el fondo lo único que pretende es atraer a su hijo y hacerle muy dependiente de ella. Cuando Charlie ha entendido muy claramente que se encuentra en medio de un matrimonio insatisfecho entre ellos, quienes le hacen pagar sus rencores, en su subconsciente se desarrolla una animadversión hacia su padre, exigente y poco amable, y rechaza igualmente todos los esfuerzos de su madre por confortarle y hacerle seguir siendo un niño.

Al sentirse solo, aunque para todos está plenamente protegido y acompañado, comienza un proceso para endurecerse y pronto desarrolla una personalidad que termina tratando a los demás como le tratan a él. En lugar de tomar como referencia lo que considera errores en sus padres, los hace suyos y los emplea casi como una venganza con los demás.

Finalmente, en la juventud es un tirano que ni siquiera está satisfecho con lo que hace.

Charlie se convence pronto de que en realidad es un fracaso como persona, y continúa diciéndose esto casi a diario. En el centro de Charlie está su alma, y los mensajes siguen llegando sobre su poder personal y, por consiguiente, se encuentra continuamente en situaciones donde tiene que expresar su autoridad por encima de su propia vida y deseos. Sin embargo, su lado tirano interno se empieza a comportar ahora furiosamente y Charlie comienza a fallar en todo. Su mayor miedo se vuelve realidad y pronto abandona la escuela, no puede conseguir un trabajo bien pagado, y la sociedad empieza a mirarle mal, pues le considera un fracasado en general.

Ahora está enfadado, y su necesidad para afirmar su personalidad le inclina a aumentar su poder, pues considera que poder y felicidad van unidos. Pronto decide que quiere aumentar su poder si ello fuera posible, por lo que se encuentra a punto de meterse en apuros. Luego, en su desesperación, porque su tirano interno realmente está consiguiendo estrangularle, Charlie toma medidas drásticas y comienza una nueva carrera como ladrón. Tomará todo aquello que pueda conseguir con sus manos y pronto asalta una joyería, roba relojes a los transeúntes, radios de los automóviles y dinero en efectivo a quien es menos fuerte que él.

Sin embargo, Charlie pronto se da cuenta de que todas estas cosas que ha robado no están llenando el vacío que siente en su estómago y decide ir más lejos, y más, y más. Su enojo crece en la misma proporción que sus robos y cada nuevo acto delictivo es efectuado ahora con violencia, hasta tal punto que parece que es otra persona.

El tiempo sigue y Charlie, lógicamente, acaba en prisión. Cuando sale, después de muchos años, es solo un hombre viejo que malvive de una pensión pequeña que le otorgan por ser ex presidiario. Apenas tres años después de salir de la cárcel muere de una combinación de problemas del corazón y del hígado, aunque quien estuvo a su cabecera, otro pordiosero igual que él, dice que murió literalmente de un corazón roto.

Algún tiempo después su espíritu es convocado y cuenta que en el momento de su muerte se vio envuelto en una luz blanca luminosa, deslumbrante, y allí se reunió amorosamente con su madre, su abuelo, dos ángeles y un guía viejo y sabio. Cuando el proceso de la muerte continúa y la jornada a dimensiones más altas progresa, empieza a reconocer al guía como un amigo perdido a quien no había visto durante mucho tiempo, justo desde la última vez que estuvo en su casa.

Después de unos días de recuperación en la Casa para las Almas Viejas Recién Llegadas, Charlie acude a ver El Concilio de Consejeros que se compone de siete consejeros, todos los cuales han estado trabajando con Charlie a través de su vida entera y algunos de ellos desde que tuvo su primera encarnación en la Tierra. Uno de ellos le observa desde que tuvo la primera encarnación en la vida, en un planeta distante en los anales del tiempo.

Cuando se encuentra con el Concilio (no son jueces), tiene lugar una revisión de su vida y él les ayuda haciendo sus opciones para su próximo paso. Durante esta revisión, puede también mirar sus vidas pasadas antes de su existencia, como Charlie, y despacio comienza a entender todo. Ahora se le conoce como Miranda-la, pero afortunadamente este proceso de recordar es tranquilo y puede compararse a despertar de un sueño. Ya no existe el anterior Charlie, o se ha muerto de alguna manera, y en su lugar está su ego o personalidad misma, ahora ya una expresión más alta al nivel del alma.

Nada se pierde de nuestras vidas pasadas y toda la experiencia se recuerda y se guarda para un uso futuro. Nuestra alma, que es hermosa e irradia luz, empieza a asumir una revisión propia, aunque este proceso es diferente a la revisión que Charlie ha tenido, porque esta revisión abarca todas las vidas, las experiencias y aventuras en todos los planos de la existencia. Parte del deber de un alma, si opta por estar en la cuarta dimensión, es incluir niveles crecientes de luz y amor en la vida. Esto significa que un alma se comprometerá a un ciclo de encarnaciones y querrá en la mayoría de los casos continuar con el ciclo hasta que haya logrado llegar a los niveles más altos de conciencia.

Miranda-la ahora considera todos los parámetros y probabilidades y repasa todas sus creencias, modelos de pensamientos, miedos, habilidades y alegrías. Ella también estudiará bastante estrechamente qué karma necesita para que pueda seleccionar el cuidado paternal correcto, circunstancias sociales, carrera, país, ciudad, raza, etc. Miranda-la ahora tiene que echar una mirada al final de su vida como Charlie, y mira el futuro que ella ha preparado para ella dentro de la cuarta dimensión.

Adicionalmente, un alma puede escoger volver a trabajar en algo que haya tenido dificultades. Sin embargo, hay excepciones, especialmente cuando un alma particular tiene emociones muy fuertes simplemente con respecto a un acontecimiento en una vida pasada. Por ejemplo, un alma se convence que es mala y puede crear un infierno es su pase a otro cuerpo. En tales casos, se envían muchas guías en su ayuda para evitar que cree una pesadilla. Puede tardar algún tiempo, pero en el futuro ellos se recuperarán y volverán a despertar en su verdadera naturaleza.

Otros factores que también afectarán a Miranda-la, son saber con precisión cuándo ha recuperado su jornada en la Tierra. Muchas almas que vienen de los reinos más altos de la existencia, se asustan realmente justo en el momento de su acoplamiento en la cuarta dimensión y asumen cierto grado de vergüenza porque se sienten incapaces de regresar totalmente a un nivel estable de conciencia.

Para explicar esto más correctamente, se podría decir que se consigue estar satisfecho cuando el crecimiento, expansión y nuevas maneras de aprendizaje están evolucionando continuamente en todos los niveles de la existencia. Por consiguiente, muchas almas han escogido encarnaciones que son severas o difíciles, basándose en la creencia que así están haciendo las cosas bien. .

En el examen final, Miranda-la buscará a unos padres que se parezcan a su propio pensamiento de su conciencia dimensional. Esto es, llegará a unos padres que tengan problemas y dificultades similares a los suyos y les ayudará a mejorar el ego. Ella puede que nazca en la pobreza porque tiene fuertes sentimientos de repulsión con respecto al materialismo, al que culpa de haber llevado anteriormente una vida como ladrón.

"Cada evento en su vida, dependerá de usted que lo vea bueno o malo."

## LA INTEGRACIÓN DEL ALMA CON SU HÁBITAT

La Tierra está sufriendo tremendos cambios actualmente. Estos cambios están estimulados por un conocimiento de la idea de unidad que está creciendo dentro de la humanidad y que nos permite acoplarnos con energías más altas, más finas y mejor encauzadas. Y estas formas nuevas de energía e iluminación nos llevan hasta vibraciones que ayudarán a nuestras almas a alcanzar nuevos niveles de conciencia.

Se puede ver esta transformación en los cambios que se reflejan en la conciencia a causa de los desarrollos tecnológicos que se han producido en los últimos años, mucho más importantes que en toda la historia de la humanidad, aunque los planteamientos filosóficos son similares a otros pasados.

La tecnología que se ha desarrollado ha tenido el efecto de empequeñecer el mundo, o al menos de cambiar la forma de considerar su tamaño. En tiempos pasados, cuando alguien quería viajar por ejemplo de Europa a Australia, tardaba muchas semanas en su viaje por mar. Si alguien quería viajar de Europa hasta América del Norte, igualmente debería pasar muchos días en el mar. Y entonces vino el avión, un medio de transporte que nos permitía acortar el tiempo del viaje, consiguiendo viajar de un continente a otro en pocas horas. De este modo y de una manera súbita, podíamos sumergirnos dentro de una cultura completamente diferente, en un continente diferente y con un idioma diferente. Éste es el ejemplo más claro sobre la conclusión de que nuestro mundo es ahora más pequeño. En otras épocas este proceso era gradual y daba tiempo hasta para aclimatarse a las temperaturas, cambios de altitud, horarios y costumbres del nuevo país.

## Teletransportadores de imagen y sonido

Pero ahora ya no disponemos de tiempo y todo es tan rápido que parece un ejercicio de supervivencia. Para uno de nuestros antepasados sería como viajar en el túnel del tiempo, pasando de una dimensión a otra. De repente estamos en un mundo diferente, con idiomas diferentes, caras diferentes, colores de piel diferentes, y en donde frecuentemente nos consideran un extraño, cuando no un invasor.

Pero el acortamiento no acaba en los viajes, pues el teléfono primero y las vídeo-conferencias vía Internet, que nos permiten hablar y ver a alguien que está en el otro extremo del mundo, nos llevan a una dimensión increíble hace siglos. La situación es extraña pues, mientras conversamos con esa persona, del mismo modo que cuando estamos cara a cara, nosotros podemos estar pasando calor y nuestro interlocutor frío.

Esto nos debería llevar a la conclusión de que tenemos que aceptar que otros sean diferentes y que necesiten igualmente cosas dispares, aun cuando existan conexiones morales y sanguíneas entre ambos. Metafóricamente podíamos decir que la comunicación entre dos personas de distinta nacionalidad y costumbres es posible, aun cuando ambos seamos muy diferentes.

## Los ordenadores

El uso de los ordenadores está aumentando muy rápidamente en el mundo y pronto la mayoría de los hogares estarán unidos vía Internet y, por consiguiente, la comunicación con personas de países y culturas diferentes se convertirá en una experiencia interactiva instantánea. Y por el hecho de que esta comunicación pueda tener lugar con facilidad y a poco precio, aumentan las posibilidades de que todos formemos en un futuro parte de una misma nación.

Aunque ahora observamos una falta clara de unidad, con países inmersos en guerras y disputas civiles, en realidad son solamente problemas viejos, sentimientos antiguos de venganza y justicia que desean verse solucionados. La humanidad no ha aprendido todavía que la guerra no es la solución, ni siquiera para resolver los conflictos familiares o vecinales. El más agresivo sigue tratando de imponer su criterio, el más vago tratará de robar la cosecha del trabajador, y quien ostenta el poder tratará de mantener sus privilegios. Tampoco ha cambiado la mentalidad de la mujer hermosa, siempre en busca del mejor postor; ni la del hombre con dinero que está dispuesto a comprarla, del mismo modo que tampoco cambian los deseos de los hijos por exigir su libertad a costa de la de sus padres, ni la de los padres que no están dispuestos a renunciar a sus propias ambiciones por sus hijos. Detrás de ellos quedan los que no tienen voz: los niños pequeños y los ancianos. Ellos no son rentables para los políticos; los primeros por poca edad y los segundos por demasiada.

## El agujero de ozono

El cambio en las conciencias no es nuevo, aunque ahora se oye mejor y con más fuerza. También hay cambios en el cuerpo, pues los jóvenes son más altos y más delgados, como si la altura determinara progreso en la misma naturaleza. Nadie quiere ser menos en nada, ni siquiera en altura física.

A las personas les preocupa, porque los científicos les han indicado que algo peligroso ocurre, la capa de ozono que se disgrega en ciertos lugares, pero pocos quieren ver las cosas con sencillez, embriagados por las conclusiones de los científicos. La capa de ozono se abre al exterior para que aquello que sobra en nuestro planeta pueda salir al espacio. No es, por tanto, un problema, sino una fortuna, que nuestro inmenso planeta sea capaz de corregir nuestros errores. También pudiera ser que junto con esa vía tan sencilla de escape la Tierra estuviera tratando de absorber materia o luz del espacio exterior, o radiaciones magnéticas imprescindibles para su equilibrio. Nada sabemos de la causa de estos agujeros y ni siquiera sabemos si en la antigüedad se producían a intervalos regulares. Solamente los observamos ahora y nos asustamos de algo que quizá es solamente un beneficio para el planeta que se ha repetido muchas veces.

## Chakras

Los chakras son torbellinos metafísicos de energía giratoria situados en siete centros a lo largo del cuerpo, desde los cuales se controla el fluido de las energías curativas. Representan la unión entre lo físico y lo espiritual y deben estar en equilibrio para que todo el organismo funcione perfectamente. Se pueden trabajar para equilibrar las energías más sutiles mediante los colores, ejercicios, meditación, visualizaciones, plantas medicinales o conversaciones en grupo.

Lo esencial es mejorar un chakra que podrá ser encontrado en la parte de atrás del cuello y cabeza, justo en el centro de la médula. Éste es el lugar donde confluyen distintos cauces que se usan para salvar la sabiduría de su ego más alto, aunque por ello es denominado como chakra de la unidad, pues estimulándolo también estaremos ayudando con este sentimiento a la unidad de la familia, personas, o para rezar a Dios.

¿Cuáles son las aplicaciones prácticas de esta información para su vida?, y ¿qué efectos y cambios se van a percibir en nuestra existencia diaria? Eso depende de usted.

## Catastrofistas

Muchos de ustedes habrán leído material sobre el tema, o quizá las obras de Nostradamus y otros profetas. Muchas de estas palabras mencionan profundos cambios que llegarán pronto al planeta, pero la mayoría se han interpretado y entendido con una visión más preocupada por el miedo catastrofista que por el amor y la unidad. Frecuentemente habrán leído noticias que han predicho grandes catástrofes físicas, desastres naturales, el hambre, la peste y las guerras, en cualquier lugar del mundo. Sin embargo, la mayoría de lo que se ha escrito ha sido simbólico, pues representa lo que está ocurriendo dentro de la psique de la humanidad.

Ya sabemos que en los últimos años, en lugar de finalizar los enfrentamientos, han aumentado las guerras internas, las disputas, y se han agudizado también los divorcios familiares y las peleas políticas. Todo llega con facilidad a los medios de comunicación, más ávidos de malas que de buenas noticias, contribuyendo así a dar una visión pésima de nuestra existencia. Las buenas noticias, parece ser, no venden periódicos ni aumentan la audiencia en la televisión.

## Religiones

Otros nos recuerdan siempre el Juicio Final, un momento en el cual se dividirá para siempre el cuerpo del alma, aunque los afortunados alcanzarán un paraíso, un nuevo planeta o una nueva dimensión. También oímos frecuentes voces sobre ascender a los cielos, mientras quienes afirman que éste es el futuro miran hacia arriba sin darse cuenta que en el espacio no hay arriba ni abajo.

Lo curioso del caso es que ahora nadie asciende a los cielos pues desde que las naves espaciales y los satélites artificiales nos han descubierto algunos de los secretos del universo, ya no hay manera de definir el lugar donde puede estar situada esa zona tan idílica. El Papa se ha apresurado a ponerse al día y nos aclara que en realidad es "*una relación intensa con Dios, no un lugar físico*". Sinceramente, nos agradaba más la versión anterior que han mantenido tantos Papas del pasado.

También tenemos a Cristo en la religión católica y cristiana, así como a otros muchos profetas no menos importantes para la humanidad. Cuando queremos prescindir de personas concretas, dioses o iluminados, tenemos que hablar simplemente de energías sutiles, llegada a la Luz, niveles superiores de conciencia o reencarnación del alma en otro cuerpo. Claro que si el universo se rompe de tanto expandirse no habrá cuerpo donde almacenarse y entonces nos tendremos que volver a quedarnos con lo clásico, con el cielo infinito.

Para aquellos que han sido fieles defensores de la ascensión de Cristo a los cielos y que han tenido que aguantar por ello la burla de los detractores, les recomendamos que hablen mejor de crecer espiritualmente de la manera que la vida les permita, sin que por ello tengan que llevar una máscara de bondad, apacibilidad, suavidad y espiritualidad. Tampoco hay que olvidarse de la envoltura humana, de nuestro cuerpo físico, pues necesita diariamente comer, dormir y amar, tanto como nuestro intelecto y alma. Por consiguiente, hay que insistir en que el cuerpo no puede menospreciarse, pues todo en él, cabeza, extremidades y órganos, continuará acompañándole hasta que usted pase a otros mundos o dimensiones.

## La Estrella de David

La humanidad la tomó como un símbolo. Un símbolo que se entregó a los judíos, que han jugado un papel importante en la historia junto con los egipcios, los babilonios y los hindúes, todos ellos suministradores de verdades espirituales. Se trata de un triángulo que apunta hacia arriba y otro hacia abajo y cuya forma geométrica es denominada como *merkabah,* un vehículo de luz. La razón por la cual fue entregada a los judíos era para recordarles que el crecimiento espiritual debe ser bidireccional.

Pero su tarea aquí en la Tierra no es simplemente trabajar a través de lo que usted podría ver en una lección kármica, algo que no pertenece al mundo material, sino que parte del propósito original era traer luz y amor a cada uno y a cada molécula existente en las diferentes formas de pensamiento.

¿Ha supuesto esto algún cambio para usted? Muchos habrán notado miedos, ansiedades y desafíos, que tienen sus raíces en lo que consideran como una vida pasada que está surgiendo en este momento para ser examinada, estudiada e integrada en su vida. Y esto es lo que se denomina como integración del alma y egos múltiples.

En la unión generacional es donde se percibe el significado de la Estrella de David. Integrarse, casarse, estar unidos, unificar el cielo y la tierra, tratando de compaginar con el mismo entusiasmo el plano corporal y el espiritual.

## La existencia

Cuando Jesús habló sobre la vida eterna mucha gente se confundió y por consiguiente definieron esto como un contrasentido o quizá una decepción que ha sido insertada a través de un organización religiosa. Pero Él estaba hablando simbólicamente, aunque recordando que somos seres eternos, almas imperecederas que tienen por ello una vida eterna, aunque este sentimiento no se percibe como tener vida eterna, pues hay cierta amnesia para recordar otras vidas.

Usted posiblemente se recuerda habiendo sido hace algunos siglos la esposa del panadero, o el soldado, o el sanador en China, pero éstos son recuerdos débiles y solamente llegan hasta donde le interesa o puede asociar con su vida actual. La vida eterna no significa que se pierda nuestra identidad actual y pasemos de una a otra simplemente, indefinidamente. La vida eterna significa estar integrado con cada vida anterior, para que el alma adquiera nuevos y mejores conocimientos del universo y la creación. Si se unen a la experiencia como si se tratara de un hilo continuo, sin la ilusión de que se vaya a interrumpir, y sumamos todos estos cientos, posiblemente miles, de años de existencia, lograremos ser cada día más completos.

Indudablemente hay mucha diferencia entre una y otra experiencia o reencarnación, pero precisamente ahí está la gran perfección que aportan las reencarnaciones. El desarrollo del chakra precisamente se logra mediante ese hilo continuo que es nuestra existencia en el universo y que solamente se interrumpirá si llega el anunciado fin del mundo.

## ¿Existe una regla?

La opción es simple: es usted quien debe realizar el trabajo para mejorar su propia vida y aceptar que forma parte de la humanidad ahora, antes y después. No tiene que enfrentarse a la humanidad en este momento, ni mucho menos huir de ella. Posiblemente sea cierto que las gentes gustan de no creer en algo más de lo que ven sus cinco sentidos, olvidando potenciar ese otro sexto sentido que nos puede indicar asuntos mucho más apasionantes.

Ciertamente no ha cambiado mucho en la Tierra desde que tenemos conocimiento de la existencia del hombre, pues nos encontramos siempre con unos que quieren quitar siempre las posesiones de los otros, por la fuerza o mediante el engaño. También abundan los que pronostican que "estamos destrozando el planeta", como si eso fuera posible, y muchos más que siguen afirmando que esta vida es "un valle de lágrimas". Curiosamente, o increíblemente, esas mismas personas tan catastrofistas son precisamente quienes no creen en la posibilidad de otras vidas, ni mucho menos en dioses o paraísos celestiales. Ahora es cuando podemos comprender que consideren esta existencia como un castigo.

## ¿Podemos mejorar algo?

Supongamos que ya somos conscientes de nuestro papel en la vida y estamos seguros de que ha habido vidas pasadas y que posiblemente las habrá en el futuro. Bien ¿y ahora qué? Muchos dirán que no sirve de nada ser conscientes individualmente, pues los gobiernos del mundo ignoran estas grandes verdades y seguirán dictando sus leyes y normas al margen de nuestra condición de inmortales. También tendrán miedo de ir contra corriente, pues eso les creará problemas en el trabajo y posiblemente en la familia. En poco tiempo le considerarán una persona "rara" y le apartarán de su círculo social, con lo cual se verá solo, paseando por las calles y jardines de su ciudad, y lleno de pensamientos filosóficos que no le ayudarán a ser feliz. La conclusión que sacará es que esos conocimientos no le sirven para ser feliz.

Si tiene mucha suerte, algo que no es frecuente, encontrará a un compañero/a de vida que le acompañará en sus pensamientos más profundos, pero lo más probable es que nunca encuentre a su "alma gemela", pues el mundo es tan grande que seguramente, de existir, está en algún lugar remoto y ni siquiera hable su idioma. El amor y el miedo, la soledad y la plenitud espiritual, cohabitarán en usted y se preguntará si no es mejor vivir con el pensamiento vacío. Bueno, aquí tampoco puedo ayudarle, pues ya sabe que las decisiones las tiene que tomar usted.

Mi consejo es que debemos aprender a encauzar el material disponible. Hay una plataforma en la cual debemos crecer mucho y quejarnos poco, y puesto que desde el momento en que compró y comenzó a leer este libro decidió aprender algo más, le invitamos a que asuma los desafíos que su futuro está ofreciéndole. Y ese desafío es mirarse al espejo y estar satisfecho, absolutamente, completamente, sin preguntarse la razón y sin imponerse sacrificios. Para lograr esto debe examinarse y abrazar cada aspecto de usted, puesto que en su interior hay cientos de años de experiencias y un alma que muy probablemente sea inmortal.

## ¿Aún necesita huir?

Debe asumir que no está en este planeta como si fuera un maestro espiritual que debe convencer a las gentes, ni está porque ganó un karma malo en otra parte. Tampoco está para aprender indefinidamente materias laborales, ni para negar el sexo o las alegrías de la vida, simplemente para agradar a su Dios.

Tampoco considere que nuestro planeta Tierra es la perla más hermosa del universo y que por ello debe considerarse como tocado por una mano divina. Este concepto de lo hermoso y feo es suyo, por tanto nada objetivo, y por ello es que mira con superioridad al resto de los seres vivos. Pero yo le daría otro consejo (y eso que mi pretensión era no dar ninguno): mire una noche estrellada y se dará cuenta inmediatamente de que solamente es un eslabón más en el universo; mire un mar embravecido y percibirá lo indefenso que es; analice la vida de una planta silvestre y quizá ya no encuentre tan superior su existencia.

Pero tampoco se considere un súbdito de alguna entidad superior, un dios que posee todo y que le mira severamente y le juzga por sus acciones. Nadie ha venido a este mundo para demostrar lo maravilloso que es a cualquier autoridad omnipotente. Por ello nadie le va a condenar y si merece una severa reprimenda será por su equivocada conducta, como una consecuencia lógica. Del mismo modo que un niño que juega con fuego termina quemándose, las acciones erróneas se volverán contra usted, en esta vida o en las siguientes. Esto no es una cuestión moral, aunque lo parezca, sino un asunto físico, en donde todo tiene una consecuencia.

## Lo material y lo espiritual

La integración del alma en su realidad tridimensional va a requerir que trabaje conscientemente y con determinación sus problemas emocionales. Muchas personas se han pasado los últimos años adoptando nuevas y positivas creencias sobre su existencia en este mundo y han asumido la creencia de que es correcto entregar amor a los demás. Pero también han asumido el error de que la pobreza es algo peyorativo y que está bien trabajar para lograr abundancia. Éstas son nuevas creencias que están tomando raíces crecientes dentro de toda la raza humana, pero aquellas que nos elevan a nuevos universos y nos dicen que la vida es infinita gracias al alma reciben las críticas feroces de los científicos.

Por ello muchas personas están experimentando lo que se podría denominar como cansancio espiritual, pues mientras que los asuntos corporales y físicos se pueden ver y tocar, los espirituales y todo aquello que habla de la otra vida solamente son conjeturas. Parece obvio que sea más fácil creer que la vida empieza y termina tal como la conocemos, a entusiasmarse por algo que nunca podremos demostrar, salvo con nuestro ego interno.

Lo curioso del caso es que ningún científico negaría los sentimientos, el miedo, la felicidad o la tristeza solamente porque no sean medibles, del mismo modo que no se puede negar la imaginación ni los sueños. Por ello no se encuentra explicación a la obstinación por negar algo que está presente en el interior de millones de personas de todas las épocas y lugares, y eso ocurre desde que el hombre existe. Las pruebas que se necesitan están en nuestro interior, pero no pueden ser extrapoladas a otra persona; se sienten o no se sienten de manera individual y es un privilegio poder estar seguros de que hay otras vidas.

## Arreglando el presente gracias al pasado

Para entender lo que estoy explicando lo más fácil es que se repase el concepto de vidas pasadas, para ver que todas sus otras existencias son realmente paralelas. Ésa es la razón por la cual si alguien cambia su pasado, también cambia su futuro e incluso el presente. Cada vez que indague en sus otras experiencias verá que encuentra un hilo argumental dentro de su vida actual.

Su ser actual, no obstante, no es completamente necesario que se parezca enteramente a alguna de sus vidas pasadas, pues las circunstancias, épocas y lugares serán muy diferentes. Por supuesto, tampoco necesitará que experimente con la hipnosis o la meditación profunda, pues gracias a sus creencias estas sensaciones aflorarán de manera sencilla a la superficie.

Realice una sencilla prueba: escriba un enunciado en un trozo de papel, por ejemplo: "creo que el dinero es...", y una vez que comience la explicación deje que su pluma fluya sin parar ni pensar. Pronto saldrán a la luz todas sus creencias sobre sí mismo en relación con el dinero.

¿Pero qué significa esta integración del alma en su ego? ¿Significa que cuando usted experimente con las regresiones su personalidad actual desaparecerá? ¿Que pasará a tener un concepto más nebuloso de su alma? No, solamente significa que con esa integración su nivel para comprender la existencia está aumentando y así tiene la oportunidad de integrar todos esos aspectos de usted mismo a sus pensamientos actuales.

## Perder el miedo

Muchas personas se han resistido a efectuar estas terapias, unos porque les han aconsejado que son propias de ignorantes, otros porque les "van a lavar el cerebro" y algunos porque realmente sienten miedo de sus consecuencias. Lo cierto es que en las regresiones se perciben dos sensaciones muy intensas: amor y miedo, aunque la mayor parte del trabajo consistirá al principio precisamente en sacar los miedos.

Hay quien igualmente tiene miedo de que esas experiencias le marquen para toda la vida, no solamente unos días, pero debe saber que el miedo que se siente no es hacia algo o alguien en concreto, sino que debe considerarse más como una forma de energía que sale de nuestro interior. Es como cuando se trabaja con varias pantallas simultáneamente en el ordenador. Hay un programa que está en primer plano y varios otros programas que permanecen debajo. El usuario de la computadora es incapaz de ver el fondo de los otros programas, pero todos están allí, y juntos ejercen cierta influencia en el modo de trabajar con el ordenador.

Si usted tiene creencias e ideas y teme que eso permanecerá para siempre en su mente y le cambie su personalidad, tanto que la gente al notarle extraño le pida que abandone, debo insistir en que habitualmente lo único que se nota es una mejora, pero seguimos teniendo los pies en la tierra. No es lo mismo que cuando acude a un psicoanalista y le saca sus traumas de la niñez, y ni siquiera se parece a hacer aflorar cosas que están bien y adecuadamente escondidas.

Todo es parte de usted, pues somos seres eternos, o al menos tan eternos como el universo. Somos la suma total de todas nuestras experiencias. Si anteriormente ha sido una monja o un sacerdote, un mendigo, marinero o soldado en una vida pasada, ahora esa actividad le aflorará de algún modo. Esa parte de usted no se ha marchado, está aún viva, respira, piensa, se siente, trabaja.

## ¿Una personalidad o varias mezcladas?

Algunos de ustedes pueden pensar sobre el síndrome de personalidad múltiple cuando se habla de aspectos de la psique humana, especialmente por parte de aquellos que consideran la individualidad como un defecto y la integración como lo correcto. También hay quien asegura que hablar de la muerte, sea pasada o futura, es vivir con el pánico en el cuerpo y prefieren vivir hoy sin pensar en nada más. Eso les da tranquilidad, dicen, tanta como la de un enfermo cuya muerte es inminente y no quiere ni oír hablar de su enfermedad, ni por supuesto luchar contra ella.

Para sacarle de su error podemos emplear como ejemplo el cuento de *Blancanieves y los Siete Enanitos*. Ellos son los siete aspectos diferentes de la personalidad humana, mientras que ella representa el alma, el centro interno de un ser humano. No le gusta parecerse a Dormilón ni a Gruñón, pero querría integrar a ambos dentro de ella y ayudarles a que se encuentren siempre más a gusto.

Algunas de las personalidades secundarias que usted tiene, algunos de los aspectos de su ego que ahora está empezando a conocer, son los mismos que ha desarrollado durante su actual existencia y otros son expresiones de sus egos de vidas pasadas. Cada uno de sus egos anteriores todavía está presente dentro de usted y forma parte de la psique diaria actual. Están tan atados que frecuentemente sus reacciones a ciertas cosas son un modelo exacto de su ego de vidas pasadas.

Para que usted aprenda y progrese gracias a estos condicionantes pasados, en lugar de angustiarle, le recomiendo lo siguiente: si sabe que uno de sus egos anteriores tenía una habilidad en particular, escritor, pintor, sanador, etc., entonces puede poner a punto esa parte de su anterior personalidad para aprender más sobre ese aspecto. Si lo hace, se dará cuenta de la gran habilidad que tiene para ejercer y dominar esas materias.

Seguramente le gustará saber en qué momento de nuestras vidas se realiza esta integración de personalidades, pues desearía que fuera paulatinamente. Mi opinión es que supone un cambio enérgico, porque cuando el alma deja su cuerpo en el momento de la muerte física, pasa a un lugar que se define como la cuarta dimensión. Cuando el alma, o conciencia, alcanza esa cuarta dimensión, es cuando realiza gradualmente un repaso a sus egos y se da cuenta de las múltiples facetas que posee.

En la cuarta dimensión el alma no se encuentra confusa y es el momento de saber si la vida de la cual acaba de salir ha tenido problemas particulares y analiza el modo de tratarlos, como por ejemplo, si murieron bruscamente, si han sido infelices, si han ejercido la violencia, o cualquier otra experiencia fuerte en esa vida. Parece ser que esta personalidad se convertirá en la personalidad dominante en esa cuarta dimensión, aunque en muchas almas estas transformaciones apenas se percibirán por la simplicidad de sus almas y personalidades. Puesto que todos los seres vivos somos únicos y perfectamente diferenciados, no hay razón para creer que nuestras almas sean iguales entre sí, y debemos admitir que las diferencias son notorias tanto en vida como en la muerte.

En el momento en que la conciencia pasa a la cuarta dimensión se da cuenta de sus otros egos, ahora ya plenamente y sin condicionantes. No es una forma de esquizofrenia cósmica, porque estas clases de desórdenes mentales generalmente se definen así cuando un individuo lleva a cabo acciones bajo una personalidad concreta, pero no tiene conocimiento de lo que hace, pues hay otras personalidades alternativas que dominan su consciente. Para el alma no le resulta difícil percibir esto, pues es plenamente consciente de ser varios individuos y esto lo interpreta como un ser total y completo.

## ¿Qué es el alma?

El alma es el ser que nosotros conocemos cuando vivimos. Es aquello que se reencarna para nuevas batallas y constantemente para superar la carne y fortalecerse.

## ¿Qué es el espíritu?

El espíritu es el ser etéreo que nosotros poseemos para nuestro crecimiento espiritual. Jesús lo llamó el espíritu santo o santo fantasma, y sin el cual nosotros nos convertiríamos en animales. El espíritu atrae al alma y el alma se armoniza con el espíritu o con Dios para mejorar. Todos somos conscientes en cierta medida de este espíritu etéreo que armoniza con nuestro desarrollo espiritual.

## ¿Qué es la mente?

La mente subconsciente de todos los individuos se interconecta y lo que conoce uno es accesible para todos. Se considera un estado inferior de la conciencia psicológica en el que, por la poca intensidad o duración de las percepciones, el sujeto no se da cuenta de ellas.

En el plano espiritual la mente consciente es el nivel en el que cada alma individual percibe su relación con Dios. A nivel consciente podemos conseguir acceso al registro de Akashic, una crónica universal de todo lo que han pensado, dicho y hecho todas las personas que hemos vivido alguna vez y que puede ser leído por cualquiera después de realizar una meditación apropiada.

Según la psicología moderna, la conciencia es la propiedad del espíritu humano de reconocerse en sus atributos esenciales y en todas las modificaciones que en sí mismo experimenta. Mediante ella conocemos la diferencia entre el bien y el mal, reflexionamos las acciones y podemos dar la imagen de nuestra personalidad que deseamos.

## ¿PODEMOS PREDECIR NUESTRAS PRÓXIMAS REENCARNACIONES?

Para que podamos escoger una próxima vida o una próxima proyección de conciencia en una nueva experiencia, hay que mirar las personalidades individuales involucradas hasta entonces con el fin de atraer enérgicamente a nosotros ese área que necesita mayor desarrollo y crecimiento. El alma puede entonces escoger desarrollar dos o tres aspectos, tal como solemos hacer frecuentemente en nuestras vidas corporales, pues todos escogemos potenciar ciertas cualidades y aptitudes, tratando de mejorar simultáneamente nuestros defectos. El problema es que frecuentemente gustamos de potenciar nuestras partes negativas, odio, agresividad, engaño, pues eso nos da seguridad y pensamos que nos quita nuestros temores.

Si, como ya se ha dicho, nuestros comportamientos presentes afectarán a nuestras vidas futuras, debemos tomar como referencia para un comportamiento correcto las múltiples leyes religiosas que existen, pues han sido elaboradas por personas inspiradas y no son fruto de modas ni lucubraciones científicas. Esas referencias morales nos pueden servir al margen de nuestras creencias, incluso cuando ni siquiera somos creyentes en doctrina alguna, y debemos considerarlas del mismo modo que cuando plantamos una semilla: si todo es correcto crecerá y se desarrollará perfectamente, tal como es habitual. Ésta es la razón por la cual en este momento su crecimiento espiritual está condicionado no sólo por los problemas que ha tenido durante sus años de vida, especialmente en la niñez, sino también por sus experiencias de vidas pasadas.

Este proceso para despertar su mente actual y simultáneamente ser consciente de sus egos de vidas pasadas, suele generar un poco de confusión al principio, pues no responde a los esquemas habituales de nuestra vida actual. Es probable que el concepto de tiempo no tenga nada que ver con lo que entendemos ahora, y que en niveles más altos de existencia todo el tiempo es simultáneo y el espacio también es una ilusión. Si deseamos viajar de un extremo de la galaxia a otro, simplemente con pensar en ello estamos allí. Sin embargo, ahora tenemos la ilusión de que las distancias en otras dimensiones son en términos reales la que existe entre un objeto y otro.

En los reinos más altos todo se conecta y cada área es un pensamiento diferente, o una forma del pensamiento, o una colección de un grupo de pensamientos. Esto significa que cualquier problema que tenga en la actualidad está ligado o puede provenir de un ego de una vida anterior o es un problema que su alma está compartiendo con una entidad. No obstante, el problema no se hará presente si ahora no tiene uno similar, pues se necesita un mismo hilo conductor para unirlos.

La ventaja de conocer el pasado es que podemos escoger trabajar con una encarnación particular o, mejor dicho, lograr que las partes positivas de nuestras almas lleguen hasta nosotros para poder tener vidas paralelas. Sería como ejercer de obrero de fábrica en un país y como doctor o político en otro. Si conseguimos, además, recoger y proyectar elementos de vidas anteriores que procedan de países y épocas muy dispares, conseguiremos tener una de esas personalidades apasionantes que terminan pasando a formar parte de la Historia de la Humanidad.

Moverse más allá de la tercera dimensión no sólo requiere integrarse mental y emocionalmente, sino incluso a nivel celular. Estamos hablando de vida eterna y ese concepto no se asimila con facilidad y frecuentemente ocasiona más miedo que tranquilidad. Conectar en todo momento con todas nuestras encarnaciones es apasionante pero frecuentemente aterrador, aunque cuando se acostumbre pocas cosas mundanas le quitarán ya el sueño. Su cuerpo adquirirá un potencial desconocido y desarrollará síntomas y habilidades muy interesantes, logrando apartarse de la vulgaridad que le rodea.

## La adaptación al nuevo nivel de conciencia

Hay una línea divisoria muy delgada entre las diferentes experiencias del alma y por ello pasar de una frontera a otra se hace sumamente fácil, aunque ello no le librará de tener crisis menores de identidad, preguntándose quién es exactamente. Para que los recuerdos y las emociones de sus vidas pasadas puedan aflorar con más claridad, deberá tratar de separarlos de su experiencia actual. Cada uno de los cuerpos físicos en los que su alma se ha encarnado es el resultado de un pensamiento de masa, y lleva con él grabadas sus huellas digitales electromagnéticas que pueden describirse como su genética etérea. Por consiguiente, cualquier problema que sus otros egos hayan incorporado en las células también puede ser transformado por usted.

Lo esencial es tratar de realizar la reencarnación totalmente, pero a menos que se prepare para llegar a un nivel profundo en el trabajo emocional y armonizar el cuerpo con la mente y el espíritu, no lo logrará, pues las dificultades lo harán imposible.

### El espíritu

Muchas personas hablan de ascensión como si se tratara de alguna clase de economía; como si fueran a ser salvados de este planeta en donde no hay ningún amor o luz y deben seguir por un camino solamente espiritual. El problema es que no sabemos qué es y qué no es el espíritu. Todas las gentes en este planeta son seres espirituales, pues aunque somos humanos tenemos alma, aunque quienes indagan en estas materias llegan a tener más experiencias con su alma que los demás. Por consiguiente, si alguien es consciente de su espiritualidad o no, dependerá de su propósito para saber quién es, cómo y cuándo.

El proceso de integrar el cuerpo y el alma va de la mano con el proceso de la encarnación, y en este proceso estamos todos involucrados. Hay que encarnarse completamente y conscientemente dentro del cuerpo físico, aunque esto no siempre se logra. En un nivel enérgico podríamos hablar de que el alma y el chakra quedan más bajos que el corazón.

## LA MUERTE

Resulta paradójico que no podamos hablar de la muerte sin hablar sobre la vida, porque son las creencias sobre la vida y la naturaleza lo que dicta nuestro miedo acerca de la muerte. Por ello, los dos conceptos o sensaciones son inseparables.

Los científicos de nuestra época han dicho que la vida y la materia están formadas simplemente de compuestos químicos y otras circunstancias que llevan hasta la conciencia. Con esta visión del universo, en que la vida se considera como materia, es entonces lógico suponer que con el fallecimiento de la existencia corpórea, la muerte del cuerpo físico arrastrará a la conciencia y la vida se marchitará o entrará en el abismo de la nada.

## ¿Qué pasa en el momento de la muerte?

Éstas son las fases admitidas como probables por la mayoría de los estudiosos:

1. En el momento de la muerte el espíritu se suelta del cuerpo físico, flota sobre él y observa lo que está pasando alrededor.
2. En experiencias vividas antes de la muerte y con retorno a la vida (por ejemplo en accidente, operación quirúrgica, ataque cardíaco, etc.), las personas normalmente oyen a alguien pronunciar su nombre, al doctor que está en la sala de urgencias o la policía en la escena del accidente.
3. Siente como si estuviera flotando, puede ver su cuerpo físico y observar la actividad alrededor de él.
4. Pronto empieza a oír un zumbido o ruido y al mismo tiempo siente que se está moviendo muy rápidamente a través de un largo túnel oscuro.
5. Ve una luz intensa al final del túnel y pronto esa luz hermosa lo envuelve. El idioma no puede expresar la maravillosa emoción que el alma siente en ese momento.

6. Vislumbra los espíritus de parientes y amigos que ya se han muerto y un espíritu amoroso (un ser de luz) aparece ante él.
7. Hay un intenso sentimiento de alegría, amor y paz que lo agobia y no quiere volver a su vida carnal.
8. En ocasiones, una persona que está cerca le dice que todavía no es su momento, que tiene trabajo para hacer y que debe volver a la vida física.

Casi todos los que han vivido esta experiencia frustrada manifiestan que todo ha sido muy rápido. La mayoría de ellos no tienen tiempo para lograr ver la obra de su vida, aunque aparecen algunos momentos importantes o una visión parcial del reino de los espíritus.

## No hay dogma infalible

El universo físico indudablemente existe, pero es tan grandioso que nos parece un sueño maravilloso. Geométricamente parece infinito, aunque no está muy claro que podamos aplicarle esta definición, y sabemos que cada partícula trabaja en armonía con el resto y, aunque a los científicos les cuesta reconocerlo, parece segura la presencia de una inteligencia. Ahora se está empezando a descubrir que esa geometría es la base de toda la creación y que todo contiene un plan inteligente perfectamente elaborado, mucho más complejo de lo que nuestro limitado intelecto es capaz de entender.

¿Tiene algo que ver con la muerte el hecho de que el universo fuera creado por una inteligencia infinita?

Nuestra visión sobre la muerte y aquello que somos capaces de expresar sobre ella es dictado frecuentemente por lo que han dicho los científicos. Afortunadamente, muchas personas prefieren dejar hablar a sus instintos, a su inconsciente, antes de asumir como verdad principios materiales elaborados por personas que nunca han estado allí más que el resto de los mortales.

Aunque nos cuesta admitirlo, la mayoría de nosotros creemos que tenemos un alma, pero me gustaría sugerir que debemos hablar de un alma que tiene una experiencia humana. Éste es el mismo modo mediante el cual hay que mirar el universo. El ser, conciencia, o vida que creó el universo, posiblemente no tenga alma, aunque entonces el concepto de inmortalidad no podríamos seguir ligándolo con el alma. Y si todos tenemos un alma, ¿dónde está la diferencia entre unos y otros?

El alma es inseparable del cuerpo y parece ser que terminará unificándose en ese concepto inexplicable que llamamos Dios. Desde la perspectiva de que usted cree que tiene alma, personalidad y posibilidad de infinitas reencarnaciones, puede darle la impresión de que está totalmente separado de Dios, o al menos que cada uno va por caminos distintos. Sin embargo, el alma siempre está en comunión con el Creador y de hecho el universo se considera obra y dominio suyo.

## ¿Miedo a morir?

El miedo ancestral de todos los seres humanos es el miedo a la soledad, a la separación, con un temor escondido a que hayamos sido abandonamos en algún momento por el Creador. ¿Nos hemos inventado las reencarnaciones y la vida en otros mundos para no sentirnos solos? ¿Nos hemos inventado conscientemente a Dios para saber que alguien nos acompaña? Eso es lo que dicen los científicos, pero cuando les preguntan el origen del universo, su razón de ser y el destino final, si es que lo hay, no nos proporcionan ninguna respuesta. Ellos, tanto como nosotros, tienen miedo a la muerte y luchan por lograr que les llegue siempre mañana. La ventaja es que nosotros alimentamos una esperanza de otras vidas y eso nos permite tener menos miedo y vivir más sosegados. Si, a fin de cuentas, el destino no es peor que el actual, no hay razón para estar preocupados.

Es probable que sea el miedo a lo desconocido lo que nos hace temer a la muerte, aunque si las convicciones filosóficas son muy altas llegaremos a afirmar, como Santa Teresa, que muero porque no muero. Si pensamos, al contrario, tal como los ignorantes científicos afirman, que la muerte es el extremo de la existencia, el final, o que allí nos espera un infierno o purgatorio, la condenación eterna, indudablemente no querremos morir y no nos extraña que los médicos ateos luchen tan intensamente contra la muerte y demanden cada vez más hospitales a los gobiernos.

## La integración

En la llegada las almas son reunidas por su guía personal (también llamado ángel guardián) o saludadas por parientes muertos, amigos íntimos o compañeros de clase fallecidos. Después del saludo inicial, las almas se enteran de las leyes que gobiernan este nuevo universo posiblemente mediante conversación telepática, tal como nos solemos comunicar con nuestros difuntos. Su guía pasará tanto tiempo como sea necesario a su lado para explicarle la naturaleza de la nueva realidad y su destino.

En cuanto la transición se realiza, todos los eventos de su vida pasada pasarán ante usted como en una pantalla de televisión y podrá repasar cada episodio de su vida desde el momento de su nacimiento. Durante esta revisión verá sus acciones y sentirá las emociones del destinatario de ellas, tanto si han sido malas como buenas. Esta revisión es para reconocer el comportamiento y enfrentarse a sus consecuencias, aunque no existe sentimiento de culpa. Para cambiar aquellos acontecimientos reprobables o erróneos disponemos de toda la eternidad mediante cualquiera de nuestras reencarnaciones. Volveremos a la tierra tantas veces como sea necesario hasta que nos perfeccionemos. En este examen de conciencia suelen participar nuestros guías y en ocasiones un concilio de seres superiores, quienes nos indican los actos reprobables y las soluciones.

## Dios

La muerte es una puerta de entrada, una puerta al lugar del cual venimos y desde el cual volveremos a salir una y otra vez. Allí posiblemente se encuentre nuestro destino, ese Dios que nos asegura la vida eterna y a la que, paradójicamente, solamente podemos llegar mediante la muerte física. Gracias a que cada vez estamos más seguros de esa presencia creadora, podemos estar igualmente seguros de que seremos eternos, sin importarnos demasiado en dónde ni cómo.

Los creyentes dicen que nuestra alma es una parte íntegra de Dios, alguien que parece ser nos ama, nos protege y nos acepta. No todos estamos tan seguros de que las cosas sean así de sencillas y hermosas, pero como los asuntos del más allá, el infinito y la eternidad, se nos atragantan en nuestro pequeño cerebro, tampoco nos parece muy mala esa hipótesis. Puestos a creer en algo, aunque no sea ciegamente, prefiero seguir la ruta de los que creen en Dios que la de aquellos que nos dicen que lo mejor es incinerarnos porque, total, afirman con una sonrisa, vamos a desaparecer de este mundo igualmente.

Nuestras experiencias en la tierra son meramente lecciones, cosas que no siempre hemos escogido aprender, mediante las cuales el alma busca la expansión y el crecimiento así como llegar a conocer y entender a Dios en todas sus manifestaciones.

# EL UMBRAL DE LA OTRA VIDA

En el momento de la muerte un gran sentido de alivio llega al alma saliente. Es como una mariposa que deja finalmente su capullo, o un polluelo pequeño que deja finalmente su huevo. Para el alma, el cuerpo físico es pesado, y siendo físico crea velos que disimulan la verdad, como si tuviera un gran peso sobre sus hombros. Y es que no solamente está teniendo que salir detrás del cuerpo físico, sino que también tiene que descargarse de las emociones que rodean la vida física y que han sido lo primordial.

En ese momento todas las cargas emocionales y mentales se sueltan y el alma, que todavía se identifica con la personalidad misma de la vida, solamente puede efectuar movimientos extraños hacia la luz. Por consiguiente, la muerte es un regreso a casa, como un hijo pródigo, y debería haber una gran celebración en el seno de las familias afectadas. Usted, su alma, ha estado en una jornada de descubrimiento, en una jornada física, para conocerse como un ser físico, y ahora ha vuelto a casa, a su verdadera casa, para recuperarse antes de que siga todavía otra jornada de descubrimiento.

## ¿Un juicio?

Muchos de sus amigos estarán allí para darle la bienvenida y muchas otras almas que ha conocido, sean familia o compañeros, estarán presentes, lo mismo que quienes han sido sus guías y ángeles.

Simplemente dependiendo de la vida que llevaron, así será de diferente su estancia y el tiempo de espera, pero no se olvide que habrá una revisión de su vida. No se trata de un juicio del comportamiento, sino una revisión. Sus guías, aquellos seres que han evolucionado más allá de la experiencia de vida en la Tierra, y quienes normalmente han estado trabajando con usted, le ayudarán a realizar valoraciones con respecto a su vida.

Su vida será evaluada según sus objetivos y logros, pero será usted el juez, no cualquier otro ser. Usted decide lo que quiere lograr y decide si ha logrado sus metas. Los guías están presentes porque ellos tienen más experiencia, y para animarle a que mire el lado positivo de las cosas. Cada evento en su vida será mostrado, lo mismo que cada pensamiento y hecho, no para juzgar si estuvo acertado o erróneo, sino para mostrar cómo sus creencias y acciones están sirviendo para su crecimiento.

## ALGUNOS CASOS REALES

### Jonathan

Cuando me encontré por primera vez con Jonathan Hall (no es su nombre real), él había sido diagnosticado por los doctores como un esquizofrénico. Jonathan parecía capaz de aferrarse a su sentido de la realidad y desde hacía unos meses su conducta era muy extraña. Hablaba con frases fuertes y recitaba frases religiosas muy espectaculares. Se paseaba y hablaba, movía los objetos que había alrededor del cuarto y los ponía incluso al revés, volviendo de nuevo al poco tiempo para moverlos otra vez.

A algunos, su conducta errática les asustaba y por ello sus propios padres lo habían encerrado más de una vez en instituciones mentales, único lugar en donde le podían manejar mediante fuertes tranquilizantes, cuando tenía uno de sus fuertes e imprevisibles ataques. Lo cierto es que aparte de encerrarle, sedarle y administrarle los brutales electroshocks, nada podían hacer de bueno por él.

Sus padres se dieron cuenta de que su hijo empeoraba y que el camino de la ciencia no era el más adecuado para curarle, por lo que contactaron con un maestro en la aplicación de Terapia de Vidas Pasadas, especialista en tratar una multitud de desórdenes físicos y emocionales. Nadie estaba seguro de que esto le fuera a ayudar realmente, pero la inocuidad del tratamiento aconsejaba intentarlo. Pronto se reconoció que Jonathan necesitaba meter la mano profundamente bajo la superficie de su vida presente y llegar a su pasado si quería resolver el problema.

Jonathan, en su larga explicación durante la terapia, explicó que había sido arrestado por la Inquisición a principios del siglo XVI, encarcelado, torturado y, posteriormente, quemado en la hoguera. Ahora, todos los otoños, Jonathan empezaba automáticamente la "repetición" de los terribles sucesos que le llevaron anteriormente a la muerte. La charla religiosa que salía de su boca, en un torrente de palabras, era el eco de los sacerdotes viejos e inquisidores que intentaban dar fuerza a sus débiles creencias mediante la tortura de su prisionero.

Con el paso de los días, Jonathan empezó a curarse y recobrar su verdadero ego, logrando reforzar su fuerte personalidad. Entonces, unos meses después, el problema desaparecería para siempre y los doctores, que ignoraban estas terapias de regresión que se efectuaban los días en que le permitían salir del hospital, le dieron el alta médica, algo que para Jonathan equivalía a salir de una prisión. Por supuesto, los doctores atribuyeron el éxito a sus medicamentos, aunque cada vez que se lo daban él los mantenía en su boca sin tragarlos y los escupía posteriormente.

Una vez curado totalmente, decidió investigar mejor su pasado y descubrió que su historia procedía del siglo XVI, que había sido apresado un día de otoño y ejecutado en febrero tras años de encarcelamiento y torturas.

Cuando esta valiosa y vital información fue revelada, la vida de Jonathan cambió dramáticamente. Sintió alivio inmediato, especialmente al recuperar el prestigio entre su familia y amigos, y su miedo a estar loco, como tantas veces había oído, desapareció. Le advirtieron los doctores que debía tomar su maravillosa medicación todos los días, pues en caso contrario recaería y debería ser internado de nuevo. Pero aunque les dijo que lo haría, esta vez ya no retenía las píldoras en la boca: le bastaba con tirarlas al cubo de la basura.

Ahora sabemos que conoce bien la naturaleza de su problema y por eso en los días de otoño que coinciden con su muerte en la hoguera se encuentra nervioso, aunque no más que el resto de las personas. Tiene un trabajo habitual en una oficina, da clases a los más jóvenes, compone música, pinta, realiza esculturas y aprende la técnica de edición de vídeos. Todo un logro para alguien clasificado como esquizofrénico.

La pregunta que muchos escépticos nos harían sería: ¿quiere esto decir que todos los diagnosticados como esquizofrénicos deberían dejar de acudir al médico y tratarse mediante estas terapias de regresión? La respuesta es aún más sencilla: quiere decir, simplemente, que en el caso de Jonathan fue más eficaz que los medicamentos.

## Los reconocimientos de Mary

Mary creció en un ambiente algo conflictivo como hija de unos inmigrantes griegos. Ella se hizo tan dura como su barrio, aunque su naturaleza humanitaria la hizo ir en busca de una existencia más significativa y buscó refugio en un convento católico. Con el tiempo realizó sus votos y trabajó junto a un fisioterapeuta viajando alrededor del mundo en un barco hospital. Con el paso de los años Mary vio suficiente sufrimiento y penalidades, e interiormente sabía que la Iglesia católica no ofrecía a esas personas lo necesario para acabar su vida de miseria. Su búsqueda personal la llevó a examinar otras alternativas, entre ellas la Terapia de Vidas Pasadas.

Como tantos otros, Mary empezó en ello con una mezcla de curiosidad y escepticismo, aunque no exenta de fascinación. Después de unos meses de estudio tenía ya una nueva percepción sobre nuestra existencia corporal. Las preguntas claves (¿He vivido antes?, ¿Quién era entonces?, ¿Qué hice?) la llevaron a cuestionarse la razón por la cual ahora era una monja católica, y la causa de que fuera tan sensible al dolor y la crueldad que había visto en todos los países del mundo.

Las respuestas empezaron a filtrarse lentamente en la mente de Mary, y pronto supo que su conciencia no había muerto nunca, y que posiblemente había estado entre cada vida corporal en una especie de escuela para preparar su retorno. Debido a ello, abrió su mentalidad a la lógica y la razón, y el concepto de la reencarnación se convirtió en su creencia más firme.

Estos cambios mentales la llevaron a una nueva forma de ver la vida actual y dejó el convento pronto, cuando sus prácticas religiosas se le hicieron poco significativas. Comprendió que se había sentido atraída hacia la Iglesia debido a sus anteriores vidas, pero ahora estaba descubriendo las razones de sus problemas que antes era incapaz de aceptar. Ésta sería la llave para ayudar a otras personas a librarse de sus angustias, lo que les permitiría ver claramente y disfrutar de la vida.

Hoy, Mary trabaja muchas horas como terapeuta física, aunque ya está jubilada. Ha aprendido a usar sus estudios sobre la reencarnación, una ciencia de vida, así como los principios de la energía que son básicos para la evolución de todas las formas de vida.

Cuando experimentó un problema de rodilla serio que requería cirugía, los doctores la advirtieron que acabaría confinada pronto en una silla de ruedas. Cuando salió de la consulta esbozó una sonrisa discreta y se sometió inmediatamente a una Terapia de Vidas Pasadas, y pronto llegó a una vida en la cual había sido un hombre luchador feroz. Ella se vio agujereando cuerpos y rompiendo los miembros de sus enemigos. Así supo que su dolor actual y la invalidez consecuente eran el resultado o la "regeneración" de sus actos negativos hacia otros. Afortunadamente, Mary no se detuvo con el conocimiento de su pasado y la curación comenzó cuando experimentó tremendos remordimientos por los actos violentos realizados contra otros anteriormente.

En el futuro, sus rodillas no le causarían ya dolor y por supuesto no está en una silla de ruedas. Aunque siente alguna molestia, no sabe si por la edad avanzada o por los remordimientos, se mueve con agilidad, está fuerte y capaz de quererse a ella y a los demás, por lo que su trabajo ha ganado en vitalidad.

La conclusión es que el cambio en nuestras vidas no puede llegar si previamente no reconocemos que podemos y debemos cambiar. Después hay que dar los pasos necesarios para que el cambio se pueda realizar. El dolor mental resultante de ver las escenas retrospectivas de una vida pasada es seguido por la curación, el bálsamo que nos consuela nuestra mente y posiblemente el cuerpo. Las escenas retrospectivas de Mary contestaron a muchas preguntas como: por qué nació en una familia violenta, por qué buscó refugio bajo el hábito de una monja y por qué quiso ayudar a sus "víctimas" anteriores trabajando en una profesión curativa. Todo por un antiguo guerrero.

Pero no nos engañemos. El odio no se disipa simplemente a través de un viaje en el tiempo; si dos individuos lucharon una vez a muerte, ellos volverán a enfrentarse entre sí de nuevo inevitablemente, aunque bajo otras circunstancias y escenarios.

## Soy una víctima

A sus treinta y ocho años Luisa era una mujer atrancada en una personalidad infantil que había estado afectando su vida de adulta de manera negativa. Su tendencia a hablar con voz infantil, o para vestir ropa más propia de una adolescente, estaba minando su habilidad de tener éxito en las tareas personales y profesionales. Incluso mantenía relaciones amorosas con un hombre mucho más joven y su efectividad en el trato social estaba tremendamente afectada por su miedo a enfrentarse a otros, a exponerse a sus críticas.

Cuando tuvo conocimiento de la Terapia de Vidas Pasadas y se sometió a ella, fue incapaz de reconocer y asumir ciertos aspectos de su personalidad. A Luisa le produjo mucho pánico cuando tuvo que explicar que había sido violada por un tío suyo en su vida presente, poco tiempo antes de cumplir dieciséis años. Ese evento, bloqueado en su conciencia, pues pretendía apartarlo para siempre de su mente como si nunca hubiera ocurrido, estropeó su existencia de adulta, ya que quería demostrarse que su juventud había sido feliz, como la de la mayoría. Su presente, con la personalidad infantil en el subconsciente, intentaba reafirmar aquellos "días felices" de la juventud, antes de que las presiones de la madurez afloraran violentamente en ella. Los acontecimientos posteriores, a los 16, 18 y 20 años, compusieron el problema que se mostró en su terapia.

Poco a poco Luisa comprendió que uno de sus dos tíos era una roca sólida en su memoria y que no podría apartar su cara en absoluto, pero recordó cuánto odiaba todavía el olor de cierto jabón que él usaba y la visión de los calcetines blancos con sandalias que llevaba. Otras pistas llegaron a su mente y esto la incitó a efectuar una llamada telefónica a su hermana mayor, que le dijo que recordaba igualmente haber sido molestada por este tío cuando era pequeña, pero que ella no había recordado este evento hasta que cumplió los treinta años.

Devanando con esta revelación súbita, Luisa meditó sobre cada relación pasada que había tenido con hombres a lo largo de su vida. Ahora se alertaron sus propios poderes y uno por uno fueron repasados minuciosamente. Recordó la molestia a los siete años siendo acosada por un amigo de su hermano mayor, y de nuevo otro acontecimiento similar cuando tenía catorce años a causa de otro de los amigos de su hermano. También tuvo otra relación "normal" con un muchacho cuando ella era adolescente, pero cuyo amor fue interrumpido cuando tuvo que acudir a la guerra de Vietnam y regresó con una enfermedad mental.

Otros acontecimientos fueron la seducción y pérdida de su virginidad por el marido de su hermana (posiblemente con la aprobación de su hermana) cuando tenía dieciocho años; su matrimonio con un hombre trece años mayor que ella cuando tenía diecinueve años, y su amor por un hombre de otro país cuando había cumplido los veintiséis años. Cada caso, según comprendía, destruyó su autoestima y ahondó su miedo hacia los hombres, manteniéndolo oculto hasta ahora, tratando de no ser consciente de ello, como si nada hubiera ocurrido.

Con su nueva perspectiva como estudiante de la Terapia de Vidas Pasadas, Luisa pudo quitarse el complejo de culpa y vergüenza, reconociendo estas relaciones como una continuidad de sus vidas anteriores. Cuando los días pasaron, pudo volver a repasar las conexiones de su vida pasada que la atrajeron a cada hombre, para tratar de adivinar por qué atraía de una manera especial a este tipo de personas, algunos más acosadores que seductores, aunque ella evitaba llevar conscientemente vestidos provocativos o acciones en demanda de sexo. Pronto comprendió que su promiscuidad en vidas anteriores, ejerciendo como prostituta, así como tomando parte en numerosos actos lujuriosos, todavía estaba persiguiéndola. Estos hombres, posiblemente intuyendo la naturaleza de su alma, la deseaban a pesar de que ella manifestaba actualmente un gran conservadurismo exterior. También, su aptitud para comportarse como una niña, que no quería crecer por el miedo a que el pasado se repitiera, la hacía aún más atractiva.

Cada vez que ella insistía en revisar estos recuerdos dolorosos, acababa llorando, pero gracias a sus lágrimas se liberaba de tensiones. Su sentimiento de culpa desapareció, y el miedo que siempre había minado sus relaciones con los hombres ahora estaba totalmente extinguido. Según comentaba, durante una noche entera recobró su autoestima y empezó a tener sentimientos más cómodos, como un persona adulta. A través de un sueño, Luisa vio una de sus vidas pasadas en la que aparecía su violador, su tío en el presente. En el sueño, volvía a experimentar el trauma de aquel momento, pero ahora bajo la forma de la otra persona, y se vio con su mano cortada como castigo. Se llevó un susto enorme y asimiló totalmente el sentimiento de culpa de su tío, aunque evitó contar la historia a nadie e incluso trató de apartarla para siempre de su mente.

Ahora ella entiende los principios de energía que los llevaron a estar juntos en el pasado, y ya no siente ningún tipo de resentimiento ni animosidad hacia este individuo. Luisa aprendió una valiosa lección: aunque la sociedad (ocurrió en los años 60), estaba deteriorando sus valores espirituales, cada uno ejercía sus propias normas morales, ella era consciente de que no tenía ningún código de moral definido y que solamente buscaba sentir emociones a cualquier precio.

Solamente a través de comprometerse en el futuro a seguir un camino concreto, sin dejarse influir por modas o consejos, consiguió tener una visión interna de lo que necesitaba para ser feliz. Si usted le pregunta, ella le dirá que ahora tiene la oportunidad de vivir sin autorrecriminarse, y con una visión mejor de cuál es el modo adecuado para vivir en sociedad, sin entrar en conflicto con los demás. Ahora sabe que los problemas no están resueltos hasta que no descubrimos la causa original, la rectificamos o la resolvemos. Nosotros debemos excavar un poco más profundo simplemente para alcanzar las raíces, aquellas a las cuales la psiquiatría tradicional y la psicología no consideran interesante llegar.

## EXPERIENCIAS DE MUERTE Y SU SIGNIFICADO

La sorpresa mayor para la mayoría de las personas es cuando llegan a comprender que la vida no acaba con la muerte. Es definitivamente un regalo, pues les da la oportunidad de volver a disfrutar de la vida o emprender nuevos caminos. Cuando llegan a este convencimiento, sienten pena por aquellos que no creen y comprenden que vivir es una oportunidad, y les apasiona conocer las experiencias de aquellas personas que regresaron.

*"Usted no es su cuerpo. Es simplemente algo que lleva durante algún tiempo, pero vivir en el plano terrestre es infinitamente más gratificante si comprende el milagro de la existencia y acepta las reglas."*

Otras personas experimentan la vida como una gran oportunidad de crecer, e incluso no anhelan terminarla, pero intentan dar un significado mayor a su vida antes de morir. Otras aseguran que lo mejor es no pensar en la muerte sino solamente en la vida y que las experiencias sobre otras vidas no les interesan. Se consideran personas correctas, pero frecuentemente no comprenden la importancia de la vida física y su papel en el universo, por lo que prefieren aprender solamente materias que les sirvan para su vida laboral o social.

**Según algunos investigadores de prestigio la experiencia de la muerte podría ser así:**

En la primera fase de la muerte, el alma verá ante ella una luz deslumbrante, identificada por los creyentes como Dios y esto podrá ser visto sin tener en cuenta su nivel de evolución espiritual. Es de gran importancia en este momento que se pongan los medios adecuados pata unirse a la Luz, pues esto le permitirá unirse al Creador. La fusión con esta Luz es muy similar a lo que en algunos textos bíblicos se denomina como ascender a los cielos y en otros a la sexta iniciación, con la única diferencia que durante la ascensión nos unimos a la Luz todavía con nuestro cuerpo físico.

En otros textos, como los cantados por los trovadores (bardos), la unión se realiza sin el cuerpo físico y, según la declaración de Krishna, donde nosotros vamos cuando nos morimos, está determinado por el último pensamiento que hemos tenido en nuestra mente justo antes de morir. Por eso, debemos permitir que el último pensamiento en nuestras mentes sólo sea para unirnos con la Luz. Para algunos, esto puede ser la salvación de su alma y la liberación.

El momento que precede a la muerte es el último momento para la encarnación entera de la extensión del alma. El problema es que la mayoría de las personas en el mundo no están educadas sobre el arte y ciencia de la muerte y no saben nada sobre la Luz, las reencarnaciones y en ocasiones sobre Dios. Lógicamente, han perdido una oportunidad irrepetible en su existencia.

***¿Cuál es la razón para que no hayan sentido ningún interés por este momento crucial en su existencia? ¿Por qué nadie les avisa que aprovechen esta oportunidad?***

He aquí algunas razones:

1. La primera es que ellos no saben que deben unirse a la Luz, pues los médicos les han asegurado, casi desde que eran niños, que una vez muertos no existe nada. Ninguno de ellos ha vuelto de la muerte para asegurar tal cosa, pero lo afirman con tal prepotencia que pocas personas admiten que estén equivocadas.
2. La segunda razón es que se tienen creencias religiosas distintas o miedo a la Luz.

3. Tercero, muchas personas, cuando se mueren, están totalmente sedadas por los medicamentos o la anestesia quirúrgica.
4. Otras son tan materialistas que identifican a estas creencias como propias de ignorantes y en ellas incluyen a los que creen en Dios.
5. Algunas están demasiado preocupadas por sus familias o las materias económicas y no quieren prestar atención a su vida futura. "Total, piensan, ya me voy de este mundo y debo dejar todas mis cosas en orden."
6. También hay otra gran cantidad de razones, pero creo que la mayor es la falta de educación sobre esta ciencia, posiblemente la más importante de todas, puesto que la fusión con la otra vida nos puede incorporar de nuevo a la rueda del nacimiento o la reencarnación.

## La mecánica de la muerte

***Cuando el proceso de muerte empieza, varias cosas tienen lugar, no necesariamente en este orden exacto:***

1. La salida del hilo de vida.
2. La salida del hilo de conciencia.
3. La salida de los tres átomos permanentes, aquellos dispositivos que se encuentran en el plexo solar, glándula pineal y el corazón. Se denominan átomo de la semilla astral, átomo de la semilla mental y el átomo del corazón.
4. La salida de los cuerpos etéreos, astrales y mentales.
5. La subida del kundalini y la salida de la extensión del alma o personalidad.

Esto último es lo que más fascina a los estudiosos, pues en la extensión del alma es donde están grabadas indeleblemente todas las acciones en esa vida. Sin embargo, las extensiones del alma, o aquellas personalidades que estuvieran astralmente muy enfocadas en esa vida, omitirán el chakra del plexo. Si estuvieran muy enfocadas al amor, omitirán el chakra del corazón. Si hubiera sido a los pensamientos y la comunicación, omitirán el chakra de la garganta. Si estuvieron enfocados a la vida espiritual como su interés principal, omitirán el tercer ojo. Finalmente, si la vida estuvo enfocada a Dios, omitirán la corona.

*"Todo lo que ha pasado en la vida entera de una persona, realmente es una preparación para este momento [la muerte]."*

## La muerte es muy similar al nacimiento

***Cuando una persona está naciendo, el cuerpo físico viaja a través del canal del nacimiento y llega a este mundo dotado ya de alma.***

Durante el nacimiento, la extensión del alma y los kundalini suben a través del sushumna (la columna del chakra, o el cordón color de plata), saliendo fuera a través del "canal del nacimiento", abren el chakra de la corona, golpean los centros pituitarios y pineales en el cerebro y originan el tercer ojo (esto también es lo que pasa cuando el kundalini se ejercita durante la meditación).

Éste es el momento de la primera fase de la experiencia, y cuando se ve la misma Luz clara que luego volveremos a ver en la muerte y a la cual debemos unirnos. Normalmente, es el átomo de la semilla astral lo que sale primero, después el átomo de la semilla mental y por último el átomo de la semilla de la cabeza. Cuando los átomos de la semilla emocional y mental salen, todos son igualmente poderosos y conscientes del plano corporal al cual pertenecen. Cuando el átomo de la semilla de la cabeza sale, el cordón color de plata entonces descansa, liberando la extensión del alma completamente. El átomo de la semilla saldrá bastante rápidamente en el recién nacido, pero puede quedar algún remanente en el cuerpo físico durante tres días en el caso de una extensión del alma menos evolucionada.

Si la primera fase del nacimiento se retrasa, entonces todavía hay otra oportunidad para unirse a la Luz en la segunda fase. Sin embargo, hay algunas cosas que la extensión del alma necesita comprender y ser consciente para no confundirse. Puesto que el kundalini ha subido, el tercer ojo estará abierto. Esto causará que la persona disponga de un psiquismo activo y posiblemente comience a ver todo tipo de imágenes y figuras (aun con los ojos cerrados), y posiblemente oír música.

Lo más importante con el paso del tiempo es seguir el enfoque de uno mismo para conseguir el nivel más alto de realización posible y tratar de unirse con la Luz. Muchas de las imágenes y personas que uno puede ver durante los primeros días de nacimiento, aunque parezcan totalmente reales, realmente se cree que son simplemente formas. Los sueños parecen igualmente reales y, en cierto sentido, la segunda fase es una fase de sueños.

La experiencia del nacimiento es una prueba espiritual y la oportunidad para una iniciación espiritual mayor. No debemos confundir la falta de madurez física de un recién nacido, y ni siquiera la poca experiencia emocional, con las facultades de su alma. Este elemento ya incorporado a nuestra vida es plenamente "adulto" y posee consigo cientos de siglos de experiencias. Por ello, no debemos considerar a un bebé como alguien inferior o menos apto que un adulto para sentir y comprender la grandeza del universo. Su único problema es que todavía no puede comunicar sus sensaciones a los adultos, pero ya siente espiritualmente como nosotros.

Las extensiones del alma más ilustradas o con mejores experiencias anteriores pueden ver a los seres supremos del universo, ángeles o deidades de algún tipo. Una extensión del alma menos evolucionada que omitió el chakra del plexo solar o incluso los segundos chakras (sexuales), puede ver imágenes de personas bailando desnudas. Es posible, en este estado de conciencia, actuar recíprocamente con estas imágenes e involucrarse con ellas.

*"Si eres fiel hasta la muerte, yo te daré una corona de vida."*

## La reencarnación, el karma y las vidas pasadas

Hay tres tipos de acercamiento a la idea de la reencarnación:

1. Uno, donde la propia idea es casi inexistente, o solamente existe cierto interés por leer artículos superficiales sobre la reencarnación, esencialmente para mofarse de ellos.
2. Otra creencia nos habla de la transmigración de las almas, asegurándonos que podemos ser un humano en una vida y un animal en la próxima. Ello nos lleva a pensar, por consiguiente, que hay gran peligro en comer animales o pisar hormigas.

3. Muchas otras personas, hablando en términos genéricos, creen en la reencarnación y en ocasiones correctamente, y la unen a la Ley del Karma. Desgraciadamente, incluso en el Este, la Ley del Karma se ve desde un punto de vista erróneo. Por supuesto, aquí y allí, Este y Oeste, hay también una interpretación correcta sobre la idea del renacimiento y su conexión íntima con la Ley de Acción y Reacción, Causa y Efecto.

El occidental tiende a rechazar la idea de una vida futura. Es una idea que sólo está empezando de manera superficial a comprometer las mentes de las personas. Su razonamiento es muy materialista, "científico", y lo definen como sumamente práctico. Según manifiestan: "Si yo tengo una vida futura, debo haber tenido una vida pasada, y si yo tuviera una vida pasada que hubiera sido interesante lo sabría." Por ello no nos debe extrañar que la literatura popular en Occidente sobre la reencarnación esté casi exclusivamente centrada en las existencias anteriores.

Hay muchas técnicas ahora, auténticas o falsas, que anuncian que son capaces de devolver a las personas a experiencias de sus vidas pasadas. Para ello se emplea la hipnosis, regresiones y otros sistemas. Hay también, por supuesto, investigaciones muy serias que se efectúan en varios países, todas financiadas con fondos particulares y que no cuentan con el apoyo, ni siquiera moral, de los gobiernos. Ningún político gozaría de credibilidad en el Parlamento si se confesara creyente de la reencarnación. La autocensura en este ámbito es sumamente intensa y eso hace que nadie pueda expresar públicamente sus convicciones religiosas, morales o sociales, y frecuentemente ni siquiera entre sus amigos o familiares. Cualquier filtración a la prensa sobre ideas particulares del más allá le puede hundir su carrera política.

## El peligro de saber sobre nuestras vidas pasadas

***¿Tiene algún valor saber sobre nuestras vidas pasadas?***

Desde un cierto punto, sí. Antes de ese punto, no sólo puede no ser necesario, sino que realmente puede ser peligroso. Hay una ley poco conocida y es que cuando nosotros nos damos cuenta verdaderamente de nuestra vida pasada es cuando entramos en el karma de ese tiempo. La mayoría de nosotros tiene una pesada carga de karma para repartir en esta vida sin que lleve una carga innecesaria de alguna vida anterior, por lo cual no sentimos ninguna necesidad de resolver cosas pasadas.

Y es irresponsable para los clarividentes que insistan siempre en decirles a las personas asuntos sobre sus vidas pasadas, aun cuando el proceso sea efectuado correctamente. Si ellos están equivocados o el procedimiento no va más allá de poner a la persona tumbada con los ojos cerrados, las personas crearán que esa técnica es pura charlatanería o, peor aún, que las imágenes que ven en sus mentes son realmente almas del pasado. Eso constituye glamour, ilusión, pero no realidad.

Cuando todo es adecuado (el mayor problema es saber cuándo lo es), las personas involucradas se ven envueltas y sujetas al karma, para lo cual posiblemente no estén aún preparadas. Hay ocasiones, en ciertas enfermedades de naturaleza mental, en que no pueden solucionarse de ninguna otra manera, salvo mediante esta terapia regresiva. Estos casos no son frecuentes y en ocasiones debe emplearse la hipnosis, pues les es difícil a estos enfermos desligarse de su vida presente.

El asunto entero está cargado de peligro y complejidad. Cuando nuestras vidas pasadas entran espontáneamente en nuestra conciencia, tendrán desde entonces un gran peso en nuestras vidas. Lo más importante es saber que en cada momento que nosotros estamos haciendo el karma, estamos creando también nuestra próxima vida.

## Buscando a Susan desesperadamente

Es innecesario decir que cuando deseemos someternos a estos procesos siempre encontraremos clarividentes, organizaciones y parapsicólogos que nos hablarán perfectamente de los resultados y nos advertirán de la gran cantidad de farsantes que hay en su profesión. Bien, usted ya debería tener experiencia en la vida de que quien habla mal del vecino es porque se preocupa demasiado de los demás y no gusta de mirarse a su propio espejo. Estas personas, curiosamente, pronto le hablarán del precio de la terapia, pues resolverle su problema les costará tiempo y trabajo, y eso hay que pagarlo.

Bueno, todo el mundo está de acuerdo en que no es aconsejable trabajar gratis para los demás, pues todos tenemos nuestras propias necesidades que cubrir, que son muchas. El problema es que nadie le puede garantizar los resultados y que usted deberá pagar por ello aunque no consiga lo que deseaba. Esto suele ser empleado por los científicos y legisladores cuando quieren atacar a los parapsicólogos, acusándoles de estafadores, como si ellos ejercieran su profesión de manera altruista.

A los profesionales de las ciencias ocultas se les suele acusar de estafadores y "engañatontos", siendo este término ciertamente humillante para quien libremente ha acudido a ellos y ha aceptado sus honorarios. Tampoco resulta menos acertado emplear la palabra "estafadores", pues aunque el tratamiento no aporte nada nuevo a la persona y en ocasiones solamente haya conseguido vaciar un poco más sus bolsillos, nos encontramos con una situación igual a la de la medicina y la psiquiatría oficial. ¿Acaso un médico puede garantizar la salud a sus pacientes? ¿Acaso un psiquiatra, titulado mil veces, devuelve el dinero cuando sus terapias solamente consiguen aturdir aún más a su paciente?

Por algún motivo la posesión de un título avalado por el Estado proporciona un salvoconducto a su poseedor y, salvo errores u omisión grave, está a salvo de tener responsabilidades. Ellos intentan curar, pero no son dioses; alegan (como si no lo supiéramos ya), y los enfermos deben aceptar que todos somos mortales y por tanto hasta la mejor terapia fracasará. Después, cuando en un juicio se demuestra negligencia médica (la incapacidad por lo visto no es denunciable), alegan con humildad que "todo el mundo puede cometer errores", buscando el perdón por su impericia.

Pero cuando el tratamiento ha sido efectuado por alguien situado al margen de sus universidades, los asuntos legales se complican y los errores se pagan frecuentemente con la cárcel. El trato es ciertamente desigual, pues mientras a unos, los "legales", se les permite equivocarse una y otra vez, a los demás no hay quien les salve por un simple error.

Y ahora, a usted le queda una pregunta: ¿Cómo saber si su terapeuta tiene razón? ¿De qué manera es posible verificar lo que le están diciendo? En la medicina las cosas son sencillas puesto que si usted no mejora es que el tratamiento posiblemente no haya sido adecuado, pero aquí estamos hablando de cosas más etéreas, inmateriales. Los detractores le simplificarán las cosas con el siguiente razonamiento: "Lo mejor que puedes hacer es guardar tu dinero y acudir a un psicólogo. ¿De qué puede servir que te digan que en una vida anterior eras alguien importante y poderoso? (normalmente suele ser algún rey, reina, sacerdotisa). ¿Cómo pueden demostrar esto?" La respuesta podría ser: ¿Hay materia más atrayente e importante que tratar de averiguar la razón de nuestra existencia y el origen de nuestro comportamiento actual? ¿Hay algún problema por el cual sea negativo participar en estas experiencias místicas y contribuir a enriquecer nuestras vidas con algo original y creativo? Si no les convence, déjeles que se vayan a beber un whisky a su salud.

## Los recuerdos no son infalibles

También es muy fácil equivocarse con nuestros propios recuerdos y para ello existe una historia verídica. Durante una meditación profunda que duró aproximadamente cinco horas, Juan se vio como ministro de una religión durante las persecuciones religiosas en algún lugar de Europa alrededor del año1650.

Había una iglesia en el fondo y él estaba de pie cerca de la puerta de entrada escuchando los chillidos y lamentos de dolor y terror. Pronto supo que se trataba de creyentes protestantes que estaban siendo ejecutados con espada por los soldados. Desde una de las esquinas otras personas vinieron corriendo y gritando, intentando buscar refugio en la iglesia. Juan estaba de pie en la entrada de la iglesia, era alto, portaba una casaca negra muy larga y llamaba a las personas aterradas hacia la iglesia. Los soldados les alcanzaron y finalmente les atravesaron con sus espadas. Aunque tenía miedo por su propia vida, Juan ofreció sus brazos para bloquear el ataque. Se dijo a sí mismo que "Éste es mi lugar santo" y pidió a los soldados que no siguieran con la matanza. Para su sorpresa, ellos no se impresionaron y uno le atravesó con su espada. Cayó al suelo y pudo sentir claramente la sensación de la piedra dura, fría, en su mejilla cuando acabó muerto a unos pasos de su iglesia.

Durante años creyó que había recordado todo con perfecta claridad, como una película, esos últimos minutos de una vida anterior, pero después de diez años supo que esa experiencia tan real había sucedido ciertamente, pero no a él. No tenía nada que ver con Juan, pues ni siquiera había vivido cerca de ese pueblo o había sido ministro de la iglesia.

Su experiencia era el resultado de una clarividencia sobre la muerte de alguien estrechamente relacionado a él en el plano del alma. La conclusión es que no es posible escoger qué sucesos podemos ver en una terapia de regresión y posiblemente en muchas ocasiones ni siquiera estaremos seguros de ser nosotros mismos los protagonistas.

## El fatalismo no es el modo correcto

Las personas orientales fatalistas tienen un punto de vista diferente y no se preocupan nunca sobre quiénes eran ellos en una vida pasada. Ellos creen que si fueron pobres, estaban hambrientos, miserables, endeudados con alguien, o apenas conseguían mantener a su familia, es porque antes han sido terribles. También creen que es la Ley del Karma la razón por la cual hay seres humanos de bajos instintos, malos, sucios, horribles, igual que lo han sido en su vida pasada, y que por eso se merecen la miseria en la que ahora están inmersos.

Aseguran que, por tanto, y bajo la Ley del Karma, no hay nada que se pueda hacer para evitar esto. Aceptan con resignación su destino, fatalistamente, como si fuera una deuda según esa ley. También creen que, si aceptan su parte de culpa dócilmente e intentan ser buenos, serán premiados con una vida superior la próxima vez. Si hay algo cierto en esas creencias orientales, según sus normas de vida, su felicidad social, la democracia social y la igualdad, dependerán básicamente de la aceptación de la Ley del Karma.

No hay nada que se pueda hacer por los habitantes de la India para transformar sus creencias, excepto que aceptemos que esa imposibilidad de mejorar que mencionan sea debida a las fechorías en vidas anteriores. Para que se pueda lograr algún tipo de equilibrio hay que entender los puntos de vista orientales y occidentales, con lo cual lograremos un acercamiento a estas dos grandes leyes: la Ley del Karma, Causa y Efecto, y la Ley de la Reencarnación, su corolario.

## LA LEY DE CAUSA Y EFECTO

Ésta es la ley básica que gobierna nuestra existencia en este universo y es el resultado de la acción de la energía del álter ego de nuestro sistema solar, junto con la constelación Sirio. Así como nuestras personalidades están representadas, más o menos bien, las intenciones de nuestras almas están influidas por Sirio. Para explicarlo brevemente, la relación entre Sirio y este sistema solar es igual que la relación entre nuestra alma y la personalidad.

Cada pensamiento, cada acción que nosotros hacemos, es motivado por alguna causa y estas causas tienen sus efectos, los cuales, a su vez, hacen que nuestras vidas sean buenas o malas. Nosotros somos ahora, hemos sido y seguiremos siendo simplemente un momento en el reloj del universo. Más temprano o más tarde, las causas puestas en movimiento por nuestros pensamientos y acciones producirán efectos que rebotarán en nosotros, y lo experimentaremos como un karma bueno o malo.

Cuando es incómodo lo llamamos karma malo, pero cuando es karma bueno, cuando la vida es cómoda, fácil, nosotros no lo notamos. Lo interpretamos como nuestro derecho, nuestra recolección, puesto que esto es lo que esperamos de la vida. Las personas solamente hablan sobre el karma cuando quieren decir karma malo, pero es importante comprender y recordar que tenemos más abundancia de karma bueno que malo.

## Karma

Como todas las leyes, la Ley del Karma está bajo el mando, la jurisdicción, de ciertas entidades; en este caso, los Señores del Karma. Ellos son los jueces cósmicos y miran la acción y reacción de causas y efectos que nosotros pusimos en movimiento, y regulan esto según nuestras necesidades. Siempre que el alma se encarna en cada entidad, humana o subalterna, nuestras almas adquieren una personalidad con una estructura dada de energía.

Las almas cooperan con los Señores del Karma decidiendo qué dolor o placer tendremos en cualquiera de nuestras vidas, aunque ello es una mala manera para describir lo que pasa. El alma no está interesada, ni siquiera lo están los Señores del Karma, en nuestro placer o sufrimiento. Éstas son reacciones absolutamente dependientes de nuestras acciones o pensamientos. En lo que ellos están interesados es en el funcionamiento de la ley, la Ley Cósmica de Causa y Efecto, aunque también el alma tiene sus propios propósitos para cada encarnación dada.

Se proporciona un vehículo, la personalidad, con reserva mental, así como cuerpos emocionales y físicos que mantendrán la posibilidad de que sus intenciones se vayan logrando en esa vida. Ese propósito no podría lograrse por sí mismo, pero el alma proporciona la posibilidad y esa posibilidad alimenta su esperanza, y con ella la vida.

El último objetivo es vivir la vida de semejante manera que nosotros no tengamos ningún karma personal. Podemos hacer eso siendo perfectos o estando muertos. Ser perfectos es mucho más interesante que estar muertos, nadie lo duda, por lo que la mayoría de las personas acepta la premisa de intentar, más o menos, lograr el propósito del alma y quedarse con vida hasta el último momento para labrar su destino. Así, nosotros trabajamos con esta carga que nos hemos creado en el presente y en las vidas pasadas.

## El destino: ¿inmutable o moldeable?

Nosotros intentamos, consciente o inconscientemente, ser perfectos, aunque la valoración de esta categoría cambia según las personas. Pudiera ser que no tuviéramos ningún mando sobre los eventos de la vida y la única cosa que podemos controlar es nuestra reacción a estos eventos. La vieja teoría de que el destino está escrito, choca nuevamente con aquellas que afirman que el destino nos lo labramos nosotros día a día.

Para que el objetivo a lograr pueda conseguirse, debemos combinar ambas posibilidades y tratar de que nosotros controlemos los acontecimientos que nos llegan. Pero estos acontecimientos son los que no podemos controlar, aquellos que demuestran que el destino está escrito, tal como afirma el horóscopo. Por fortuna, nadie puede impedirnos que los controlemos y en ese momento es cuando tenemos la otra opción que mencionábamos antes. De esta manera, es como llegamos con la carga del karma a cualquier encarnación dada.

Esto, no obstante, no nos está exigiendo que nos quedemos sentados, en un estado catatónico mental, en espera de que lleguen los acontecimientos para modificarlos si es posible, sino que nos adelantemos a ellos. Lo que nosotros podemos hacer, en cada evento, en cada circunstancia, es analizar cada situación actual o previsible y esperar los acontecimientos que llegarán de cualquier modo o desviarlos de nuestra vida. Si no reaccionamos y adoptamos una posición de resignación y de falta de lucha, nos creamos una impersonalidad, una separación respecto a los eventos, donde nosotros nos quedamos indiferentes tanto si nuestro karma es bueno como si es malo.

## DE DISCÍPULOS Y ALMAS

Si la miramos correctamente, la vida evolutiva es una renuncia gradual de lo más bajo por causa de lo más alto. Como el alma en cada encarnación, un nivel alto de divinidad proviene de un nivel más bajo, y el trabajo de la perfección, la meta evolutiva, es la renuncia gradual de estos niveles más bajos.

El alma hace su trabajo de la reencarnación encima del eón de tiempo, ese espacio, largo e indefinido, que nos habla de la edad del universo y, por tanto, de la eternidad y de las inteligencias divinas. Existe una necesidad vital de encarnarse de nuevo, pues la existencia eterna así lo exige, y hay reflexiones que nos dicen que ese trabajo es casi un castigo, como lo es la necesidad de tener que respirar continuamente cuando vivimos.

El camino de retorno, de descanso, para el alma es el descargo gradual de sí misma cuando existen limitaciones en los planos físicos, astrales y mentales. Hay momentos en los cuales no hay manifestación de energía para fundir cuerpo y alma, y dos cosas están sucediendo al mismo tiempo en este proceso: una es la espiritualidad gradual del vehículo, el cuerpo, al que está llegando el alma, y la otra la fusión con el vehículo, intencionalmente, por el alma, para quemar el karma antiguo.

Como los progresos del alma cuando experimenta su encarnación deben ocasionar reflexión, el hombre o la mujer encarnados reciben una carga más pesada de karma que aumentará sucesivamente. Es por esta razón por lo que la cuarta iniciación se llama en Occidente la Crucifixión y, en Oriente, la Gran Renuncia. En esa experiencia todos los aspectos más bajos están renunciándose a favor de la realidad espiritual más alta. Ésa es la razón por la cual la vida del cuarto grado de iniciación normalmente es, desde el punto de vista del mundo, fuertemente dolorosa.

Las personas imaginan que cuando un hombre o mujer progresan en su evolución, deben sentirse más libres de karma, pero la verdad puede ser lo opuesto. La causa estriba en que los humanos deben convertirse en discípulos, en iniciados y servidores, por lo que asumen cada vez más del peso del karma mundial. Ellos representan en ese momento al mundo y sus hombros son, y necesitan ser, anchos. Imagine un puente encima de un río, y el río que es el mundo y su karma, mientras que los discípulos que comienzan son los pilares del puente y los espacios entre ellos son las masas de personas. Donde hay espacios, el agua fluye fácilmente a través de los pilares del puente que soportan la fuerza del agua.

En un sentido más real, los discípulos suponen el apoyo del mundo y ésa es una razón por la cual la vida de un discípulo es, desde el punto de vista del hombre corriente, una vida muy difícil de llevar. Ellos son gobernados por la gran Ley de Servicio y bajo esta ley los discípulos se dan cuenta que la reencarnación es un servicio a la humanidad. Por eso necesitan terminar tan rápidamente como sea posible esta experiencia corporal, siendo el más adelantado aquel que más y mejor puede servir al mundo.

Cuando se alcanza cierto nivel, en el tercer grado de iniciado, la relación con la Ley de Causa y Efecto cambia, pues gradualmente la ley es manipulada por él. Como un alma divina consciente, trabajando en el mundo, realmente se hace el piloto de su propio avión. No es un proceso automático, pero este punto se logra gradualmente y así toma parte activa en su propia evolución, trabajando conscientemente con la Ley del Karma, bajo el mando de su alma.

El objetivo es que cuando la persona está lista para tomar la quinta iniciación y hacerse un amo, todo el karma habrá estado resuelto, quemado y devuelto a la fuente de la que vino.

## SERVICIO: EL MEJOR MÉTODO PARA RESOLVER EL KARMA

### ¿Cómo se puede librar usted del karma?

Bien, es algo que no se puede regalar, pues es demasiado pesado, nadie lo quiere. Tampoco hay ninguna venta posible para el karma que permita ceder el exceso, pues todos tenemos bastante con el propio. Pero ¿qué se puede hacer y cómo se puede soportar esa carga que limita la actividad, la alegría y felicidad? Hay un método muy simple y se llama servicio.

El servicio es por excelencia la manera para librarse del karma. Por supuesto no se libra de él, pero al menos lo quema.

**El proceso es algo así:**

Cuando usted ayuda o sirve a alguien, atrae a sí mismo la energía. Repartiendo energía, paradójicamente, recupera y almacena energía; ésa es la ley. Básicamente, ésta es la ley que gobierna nuestra naturaleza, sin la cual el universo no existiría. Es, por supuesto, en otro sentido, la Ley de Causa y Efecto. Cuando usted ayuda o colabora con alguien (y esto incluye a la naturaleza), pone en movimiento una causa, y el efecto es que su esfuerzo revierte en usted mismo.

Para que la propia ley sea más productiva, debe incluir sus trabajos y ayudas en algo relacionado con su vida y sus propias necesidades. Si usted no cubre sus demandas le será imposible ayudar a nadie y nada mejor que recordar ese refrán que dice: "La caridad bien entendida, empieza por uno mismo." Quien no cuida su cuerpo no estará fuerte para cuidar el de otros, y quien no cultiva su mente y pensamientos recomendará comportamientos sociales equivocados. Cuando nosotros servimos, no solamente demostramos amor, una cualidad que se confunde con las cuestiones morales o sociales, sino que estamos fertilizando nuestra propia felicidad, pues eso fortalece y potencia en cierto modo al individuo para que pueda tratar su propio karma.

Del mismo modo que una persona progresa y trabaja mejor cuando está enamorado, en la ayuda a los demás se distancia automáticamente del efecto de su trabajo, no lo tiene en cuenta, pero los resultados posteriores son benéficos, especialmente en su carácter. Y ¿hay otra manera de progresar en la vida sino es con el auxilio de la mente?

En este momento es cuando los entendidos dicen aquello de: es mi karma.

## LA REENCARNACIÓN Y LA RELIGIÓN

Como tal concepto, en la Biblia existen ciertamente diferentes textos en el Antiguo Testamento, y con más claridad aún en el Nuevo Testamento. También es una creencia fuertemente arraigada en otras religiones orientales, como el budismo y el hinduismo, del mismo modo que lo encontramos en muchos textos filosóficos de todas las épocas y lugares.

La **teosofía**, una conclusión que interpreta de manera filosófica y religiosa el mundo, a Dios y el conjunto de lo que denominamos como Más allá, nos describe las regresiones a una vida anterior, a la cual se puede llegar mediante un estado similar a la hipnosis.

Los **judíos**, por su parte, insistieron especialmente en esta creencia durante la época medieval, aunque ya en el siglo I, Josefo, un historiador y soldado judío nacido en Jerusalén, escribió que los justos se introducirían en cuerpos santos para así asegurarse la resurrección.

Los **cabalistas** medievales hablaban de la transmigración de las almas en el libro *Sefer Bahir*, mientras que los **hebreos** la denominaban como *gilgul* y pensaban que era un severo castigo por llevar una vida sexual inadecuada. Cuando el sujeto se reencarnaba volvía a tener otra oportunidad para llevar una vida más acorde con las normas sociales, en oposición a los cristianos, quienes decían que las personas solamente tenemos una oportunidad en nuestra existencia y con la reencarnación llega el Juicio Final.

Los más apasionados recomendaban ser justos, sin que sepamos cuáles eran sus recomendaciones, puesto que así nos reencarnaríamos indefinidamente en beneficio del cosmos.

## En la Biblia

Incluso ahora, cuando las religiones cristianas no aceptan la noción de la reencarnación del espíritu, esta idea había sido aceptada ampliamente por los seguidores contemporáneos de Jesús y los apóstoles. La expusieron en el Concilio de Constantinopla en año 553 d.C., cuando la definición de reencarnación como una herejía se instaló después que la Iglesia se uniera al emperador Justiniano, para que declarara como anatema este concepto. Justiniano I, que reinó durante los años 527-565, era un experto en teología y, en su afán de recuperar los territorios del Antiguo Imperio Romano, organizó guerras que adquirieron un sentido de cruzadas. Empeñado en mejorar las leyes promulgadas desde Adriano, en lo religioso incitó al monacato (la profesión de monje), condenó el monofisismo (Cristo tenía una sola naturaleza, divina y humana a la vez) y cerró la universidad de Atenas por ser un foco del paganismo (idólatras, los que adoran a falsos dioses o ídolos).

Los textos bíblicos que se incluyen a continuación han sido separados para su análisis en dos partes: la primera involucra el Primer Tiempo, el tiempo de la Ley y los Profetas, comprendido en el Viejo (el Primer) Testamento. El segundo, la llegada de San Juan Bautista, el precursor de Jesús, así como las enseñanzas y escrituras del Nuevo (Segundo) Testamento.

Se han incluido versos divididos en párrafos, tal como se han escrito normalmente, aunque, como ya es habitual, las traducciones y las interpretaciones no siempre son similares unas a otras.

## La Escalera de Jacob

El primer libro de la Biblia, el libro del Génesis que cubre el tiempo desde los patriarcas, aclara el concepto de reencarnación, un estado espiritual que viene y va mediante los espíritus (ángeles de Dios), entre el reino espiritual y la tierra.

Jacob, hijo de Isaac y nieto de Abrahán, suplantó a su hermano Esaú y obtuvo la bendición especial de su padre, con lo cual era el heredero de las promesas de Dios. Después se le renombró como Israel, algo así como "quien lucha con Dios", pues se decía que había luchado con un ser divino. Con él y sus doce hijos, engendrados por sus esposas Raquel y Lía, además de algunas de sus sirvientas, comenzó las doce tribus de Israel.

Tuvo muchos sueños proféticos y uno de ellos le sirvió para explicar la reencarnación, asumiéndolo como una revelación de Dios. Algunos creen que este pasaje simplemente se refiere al privilegio divino de enviar mensajeros que comunicaran con el hombre, pero si esto fuera así, el orden sería al revés: primero ellos descenderían y luego ascenderían. Cuando se especifica que las almas ascienden primero y luego descienden, implica algo mucho más profundo: la muerte (para ascender) y la reencarnación (para descender). La pista para tanta metáfora está en la frase "prepara en la tierra" los medios para ascender, entre ellos la escalera y el cuerpo. Los mensajeros, como el ángel

Gabriel que se apareció ante María, nunca tomaron cuerpo alguno, y solamente se manifestaron a través de visiones espirituales.

*Y él soñó, y vio una escalera de mano*
*preparada en la tierra,*
*y la cima de ella que alcanzaba el cielo;*
*y vio a los ángeles de Dios*
*ascendiendo y descendiendo por ella.*

El Libro del Trabajo, que describe la sabiduría y algunos pasajes proféticos de la Biblia, está escrito en un idioma alegórico, con el uso abundante de metáforas, en donde se usan palabras con un sentido diferente a su propio significado para identificar dos objetos opuestos que guardan una relación de semejanza. Así, en el Libro del Trabajo nosotros vemos la alegoría del árbol que se renueva mediante la tala (muerte), metáfora que el escritor bíblico acostumbra a cuestionarse sobre la verdadera intención de los textos. Por eso, cuando se menciona "las ramas como una planta", la alegoría está mucho más cercana al concepto de reencarnación (un nuevo cuerpo) que a la resurrección del mismo cuerpo.

*Allí la esperanza de un árbol es,*
*si es talado,*
*que crecerá de nuevo,*
*y que la rama tierna*
*en él no cesará.*

*Aunque la raíz de él sea vieja en la tierra*
*y esa acción*
*le lleve a la muerte,*

*todavía a través del olor del agua*
*brotará, y traerá adelante*
*ramas como una planta.*
*¿Si eso es igualmente dado al hombre, vivirá él de [nuevo?)*
*todos los días de mi tiempo fijado*
*quiero yo esperar, cultivando para que mi cambio lle [gue.)*

El Libro de los Salmos pudo ser escrito por David, rey de Israel, y contiene ciertos pasajes que se refieren a la vida después de la muerte y a la esperanza que esto provoca. Los textos actuales, como se explicó anteriormente, se tomaron de aquellos conocidos como "autorizados", pero el lector debe ser consciente que la palabra "Sheol" (Saúl en hebreo) que primero se tradujo al griego como "hades" y cuyo significado es "infierno", estaba en muchos versos traducidos al inglés como "grave", cambiando por consiguiente el verdadero significado de la idea original del autor.

El Libro de los Salmos pertenece a la Biblia hebrea y es llamado como Tehillim o canciones, aunque también es conocido como Salterio. Consta de 150 himnos, poemas o canciones, en los cuales hablan de lamentos individuales, poesía, canciones y oraciones de acción de gracias. La numeración de los salmos corresponde a la versión bíblica del rey James y las Biblias católicas difieren su numeración, aunque los textos son similares.

*Porque usted se marchita no deje mi alma en el infierno;*
*usted tampoco sufra como un santo*
*por ver la corrupción.*

*Usted se marchita por demostrar el camino de vida,*
*pero en presencia de ellos debe estar alegre,*
*pues en la mano derecha hay placeres*
*para siempre.*

Por supuesto, algunos dirían que el primer verso sólo se refiere a la resurrección de Jesucristo muerto. Pero si esto habría de scr verdad, ¿por qué entonces la referencia al "infierno"?

*¿Lo que hay allí es mi "sangre" (muerte en el texto ori-*
*[ginal)*
*cuando yo bajo al hoyo?*

*... sobre esa esperanza en su misericordia,*
*para rescatar sus almas de la muerte...*

*Pero Dios reembolsará mi alma del poder del infierno*
*[(grave),*
*porque él me recibirá*

Pero en el pasaje siguiente, el rey-profeta persigue más allá su esperanza en una vida después de la muerte. Al referirse a una renovación del espíritu, está de acuerdo con algunos pasajes y claramente habla de la reencarnación del espíritu.

*Crea en mí un corazón limpio, oh Dios,*
*y renueva un espíritu correcto dentro de mí.*

*Restaura hacia mí la alegría de la salvación del alma*
*y levántame con el espíritu libre.*

Después, el salmista le pregunta a Dios si Él podrá dar vida de nuevo.

*Marchítese si usted no nos reaviva de nuevo:*
*¿Pueden regocijar esas personas con su presencia?*

El uso de la noción del cuerpo humano y de cómo vestir al espíritu, se encuentra claramente en la metáfora siguiente:

*... bien, todos ellos terminarán viejos*
*como un vestido.*

En el verso siguiente, la referencia al valle espiritual en la oscuridad está muy clara y aquí sería necesario compararlo con otro que habla de la misma idea, aunque David habla en este verso de la reencarnación en el pasado.

*Como se siente en la oscuridad*
*y en la sombra de la muerte,*
*allí abundan en hierro y aflicción.*

*Él sacará a ellos fuera de la oscuridad*
*y de la sombra de la muerte,*
*y quitará sus vendas.*

## El Libro del Eclesiastés

El Libro del Eclesiastés, una obra bíblica atribuida a El Predicador, hijo del rey David, a quien la historia le identifica con Salomón, es esencialmente unas reflexiones sobre el significado de la vida, declarando frecuentemente que todo en ella es vanidad.

En la alegoría siguiente, que se encuentra en los versos diversos del Libro del Eclesiastés, el uso de la figura del flujo de los ríos hacia el mar, de un lado a otro, se emplea para describir el incesante va y viene de la vida humana, siendo una referencia clara a la reencarnación continua y la separación del espíritu del cuerpo. Él, incluso, se refiere al velo, la venda, que nos causa no poder recordar vidas anteriores y, una vez más, menciona a la reencarnación como la restauración.

*Todos los ríos se encuentran con el mar,*
*todavía el mar no está lleno;*
*hacia el lugar de donde los ríos vienen,*
*allá ellos vuelven de nuevo.*
*Aquello que se hace se hará,*
*y no hay ninguna nueva cosa bajo el sol.*

*Sobre cualquier cosa puede decirse:*
*vea, ¿esto es nuevo?*
*Esto es ya algo viejo,*
*y estaba ante nosotros.*
*No hay ningún recuerdo de cosas anteriores;*
*tampoco ningún recuerdo de allí*
*de aquellas cosas que vendrán con aquellos*
*que deben venir después.*

*La cosa que ha sido antes será;*
*lo que ha sido es ahora.*

## El Libro de Isaías

Esta obra profética pertenece a la Biblia hebrea y se le atribuye a Isaías, quien trabajó en Judá y Jerusalén durante el siglo VIII a.C. Muchos estudiosos dudan que todo pertenezca al mismo libro y mencionan especialmente los capítulos 40-55.

Isaías, de nombre hebreo Jeshaiah, es uno de los grandes profetas del Antiguo Testamento. Comenzó a realizar sus profecías hacia el año 747 a.C. y ejerció como tal hasta fin de siglo. Fue martirizado y su obra la escribiría hacia mitad del siglo VIII, aunque algunas personas alegan que en realidad es el trabajo de dos o quizá tres escritores diferentes que escriben en tiempos diferentes. En su conjunto contiene conceptos muy profundos sobre la vida, la muerte y la reencarnación. La primera referencia habla sobre la muerte como algo evitable.

*Él tragará a la muerte en una victoria,*
*y el Señor Dios limpiará*
*lágrimas de todas las caras;*

*el reproche de otras personas*
*le llevará de la tierra;*
*para el Señor ya habrá hablado.*

*El muerto de nuevo vivirá*
*junto con mi cuerpo muerto deben ellos levantarse.*
*Despierto y cantando,*
*mora en el polvo;*
*porque el rocío del alma es como el rocío de hierbas,*
*y la tierra expulsará al muerto.*

El verso que sigue, indudablemente, habla de que la muerte y el infierno no son en cambio creación divina sino humana; una cosa interesante que niega la inexorabilidad de la muerte.

*Y su convenio con la muerte será anulado,*
*y su acuerdo con el "infierno" (sheol) no estará de pie;*
*cuando el azote desbordante atraviese,*
*entonces ellos le pisarán.*

El escritor bíblico clarifica que la "resurrección" habrá terminado con el nacimiento, concepto que Jesús afirma igualmente.

*Deba ser que yo traiga el nacimiento*
*y no la causa para traer la muerte*
*salve al Señor.*

*Y cuando los hombres vean esto,*
*su corazón se regocijará,*
*y sus huesos florecerán*
*como una hierba.*

## El Libro de Jeremías

Este libro que algunos creen escrito por Baruc el escriba y otros por el propio Jeremías, es una gran obra profética y un gran relato sobre las luchas internas del profeta, además de contar su persecución y la desesperación por ello. Contiene el concepto básico, la razón fundamental de la ley de la reencarnación espiritual: la mejora hacia la perfección del espíritu. A través del uso de la metáfora del vaso del alfarero que representa la vida humana, nos dice que éstos serán tantos cuantos sean necesarios para lograr su objetivo: contener el espíritu en su camino hacia la perfección.

En sus páginas se describen profecías sobre numerosos desastres ocasionados por la gran inmoralidad de las gentes y la idolatría de Judá, aunque está de acuerdo parcialmente con el rey Josías. Predijo la caída de Jerusalén y la cautividad de los judíos, aunque las diferentes traducciones se creen han modificado sensiblemente algunos pasajes importantes.

*La palabra que vino del señor*
*a Jeremías, decía:*

*Levántate y baja a la casa del alfarero,*
*y allí le haré oír mis palabras.*

*Entonces yo bajé a la casa del alfarero,*
*y miré a él forjando un trabajo en las ruedas.*
*Y el vaso que hizo de arcilla*
*se estropeó en manos del alfarero;*
*por lo que él hizo de nuevo otro vaso,*
*tan bueno como el que hacía antes.*

*Entonces la palabra del Señor vino a mí y dijo:*

*¿No puedo hacer yo como el alfarero?*
*Mira cuando la arcilla esté en la mano del alfarero,*
*pues ésta será mi mano.*

El verso siguiente está confuso, pues habla del poder divino, capaz para dotar el espíritu de venturas múltiples.

*Mira, yo soy el Señor, el Dios de toda la carne,*
*¿hay cualquier cosa demasiado dura para mí?*

## El Libro de los Lamentos

En esta continuación de las ideas anteriores, el escritor bíblico destruye la noción de la condenación eterna, un obstáculo para hacer factible la reencarnación.

*El Señor no lanzará nada fuera para siempre.*

Y al igual que en el Eclesiastés, la idea de la renovación parece ser continua y recurrente.

*Volvemos nosotros hacia ti, oh Señor,*
*y nos daremos la vuelta;*
*renueva nuestros días como antes.*

## El Libro de Ezequiel

Ezequiel era un sacerdote del siglo VI a.C. perteneciente a los judíos que se habían exiliado a los territorios babilonios después del 597. Profeta importante, predijo la destrucción inminente de Jerusalén en el 587 a.C. y efectuó no pocas condenas hacia naciones extranjeras.

Este libro profético que ha sido objeto de estudios detallados y análisis por muchas razones, contiene en detalle esos elementos que son necesarios para la reencarnación del espíritu. Es importante, al punto que, hasta Aristóteles, los antiguos creían que las funciones mentales tenían lugar en el corazón, puesto que la creencia que estas funciones se llevan a cabo en el cerebro es relativamente moderna. Debido a ello, siempre que el profeta se refiere al corazón, lo que él realmente hacía referencia es a la mente. Así, nosotros vemos que cuando el hombre tiene una nueva vida, no sólo viene con él un espíritu renovado, sino también una nueva mente. Esto será de importancia cuando estudiemos el pasaje de la reencarnación de Elijah en San Juan Bautista, que viene descrito en el Nuevo Testamento.

*Y yo les daré un corazón,*
*y yo pondré un nuevo espíritu dentro de usted;*
*y yo sacaré el corazón pedregoso de su carne,*
*y yo les daré un corazón de carne.*

*Lanza lejos de ti todas tus transgresiones,*
*y a quienes las han transgredido,*
*y les haré un nuevo corazón y un nuevo espíritu.*

. Y una vez más, nos dicen que la muerte del hombre no es una creación divina.

*Porque yo no tengo placer en la muerte,*
*pues yo soy el Señor Dios*
*todos vuelven a mí vivos.*

Luego, viene el pasaje del valle de los huesos secos, que ha sido tomado por los cristianos teólogos en su sentido más literal. La pista está en la expresión "ellos estaban muy secos" que es modificada como "huesos secos" para no dejar duda de lo que quería significar con ello: el polvo de la tierra, tal como se entiende en el Génesis 2:7 y 3:19. Cuando el profeta sigue los órdenes de Dios y habla a los huesos secos, está diciendo de hecho que de allí crecerá carne de nuevo para ser dotada finalmente de espíritu. Los antiguos ignoraron lo que nosotros sabemos ahora sobre "la cadena de la vida", expresión moderna que describe el ciclo de recuperación de la materia orgánica para dar nueva vida material.

Nada se gasta del todo finalmente, pues la materia vuelve a la materia y el espíritu se reencarna en nuevos cuerpos.

*La mano del Señor estaba en mí*
*y me llevó a cabo en el espíritu del Señor,*
*y me puso abajo en medio*
*del valle que estaba lleno de huesos.*

*Y me hizo pasar sobre ellos,*
*miré, y había muchos al aire libre en el valle,*
*y ellos estaban muy secos.*

*Y Él me preguntó:*
*¿El Hijo del Hombre, puede vivir de estos huesos?*
*Y yo contesté: Oh Señor Dios, no lo sé.*

*De nuevo Él se dirigió a mí:*
*Profetiza sobre estos huesos,*
*y deja que te hablen,*
*cada vez que veas huesos secos, oirás la palabra del [Señor.)*

*Así el Señor Dios miró a los huesos y dijo:*
*Yo causaré la respiración en ellos,*
*y ellos vivirán;*
*y yo les pondré nervios en ellos,*
*y añadiré carne en ellos,*
*y los cubriré con piel,*
*y así ellos vivirán;*
*y sabrán que Yo soy el Señor.*

*Yo profeticé cuanto me ordenaron,*
*y cuando lo hice sonó un ruido,*

*y sentí un temblor,*
*y los huesos se unieron entre ellos.*

*Y cuando miré de nuevo,*
*los nervios y las carnes surgieron en ellos,*
*y la piel los cubrió;*
*pero no había respiración en ellos.*

*Entonces Él me dijo:*
*Profetiza sobre el viento,*
*profetiza, hijo de hombre,*
*y dile al viento*
*que Yo soy el Señor Dios.*

*Vengan los cuatro vientos,*
*y haz respirar a estos muertos,*
*que ellos puedan vivir.*

*Yo profeticé lo que me ordenó,*
*y la respiración entró en ellos, y ellos vivieron,*
*y se ponían de pie sobre sus pies, hasta formar un gran*
*[ejército.*

*Entonces Él me dijo:*
*Hijo de hombre,*
*estos huesos son la casa entera de Israel,*
*mira lo que dicen:*
*Nuestros huesos están secos*
*y nuestra esperanza está perdida;*
*nosotros estamos pagando nuestras culpas.*

*Por consiguiente, profetiza y di a todos:*
*así es el Señor Dios;*

*Yo abriré sus tumbas,*
*y los haré salir de ellas,*
*y los traeré a la tierra de Israel.*

*Y todos sabrán que yo soy el Señor,*
*cuando yo haya abierto sus tumbas,*
*y los sacaré de sus tumbas,*
*y les pondrá mi espíritu en ellos,*
*y así vivirán,*
*y les pondré en su propia tierra;*
*entonces deben saber que yo el Señor he hablado,*
*y lo que he realizado.*

## El Libro de Daniel

Este libro, incompleto en las versiones no católicas (el canon católico incluye el Segundo Libro de Daniel), contiene la profecía del retorno de Daniel al final de los tiempos. Su procedencia más fiable es entre los siglos III y II a.C.

Su nombre proviene de su principal personaje y se divide en dos partes, de los cuales los seis primeros contienen textos de Daniel y sus tres compañeros, en donde se relata el exilio babilonio en el siglo VI a.C. Los otros seis capítulos nos profetizan desgracias apocalípticas que recibió el protagonista en forma de visiones.

Otros textos se han incorporado en algunas versiones antiguas griegas y luego en la Biblia católica, pero que no son admitidos por los protestantes.

*Pero tienes que vivir a Su manera*
*para que puedas descansar en el futuro*
*y estés en pie al final de los días.*

## El Libro de Oseas

En Oseas viene, de nuevo, el concepto de Dios como enemigo de la muerte y, más importante, del infierno y, por consiguiente, de la condenación eterna. Esto es asumido después por Pablo.

*Yo los rescataré del poder del infierno*
*Yo los reembolsaré de la muerte.*

*Oh Muerte, yo seré como una plaga para ti.*
*Oh infierno, yo seré tu destrucción*
*y el arrepentimiento será su reencarnación.*

## El Libro de Amós

Se considera un libro profético de menor interés, obra del profeta Amós, quien vivió en Israel a mediados del siglo VII a.C. Solía proclamar el Juicio Final sobre las gentes de Israel a causa de su idolatría y sobre la propia ciudad por las injusticias e inmoralidad de los habitantes.

En esta profecía, se encuentra la declaración aplastante sobre los espíritus desconcertados, esos que deben ir al infierno (Seol), así como los espíritus obedientes, los que ascienden al valle espiritual, todos sujetos a la ley de la reencarnación del espíritu.

*Aunque ellos excaven en el infierno,*
*Yo les tenderé mi mano;*
*aunque ellos maldigan al cielo,*
*evitaré que se condenen.*

### El Libro de Juan

Una vez más, nosotros encontramos en este libro el concepto del retorno a la vida. Advierto sobre el significado simbólico de "para siempre", pues no se puede entender de forma literal, tal como existen lecturas incorrectas de los textos bíblicos que basan la creencia en un castigo eterno.

*Y dijo: yo lloré con aflicción por vuestra causa*
*pero le supliqué al Señor, y Él me oyó;*
*fuera de la morada del infierno lloré,*
*y fui Su voz.*

*Yo bajé a los fondos de las montañas,*
*la tierra estaba para siempre sobre mí;*
*pero Él me rescató y me hizo ver mi vida de corrupción.*

## REENCARNACIÓN Y CIENCIA

En la mayoría de las religiones occidentales el concepto de reencarnación y otros similares, lo consideran como herejía, aunque no hay ningún texto bíblico que rechace este supuesto. Otros estudiosos de la Biblia creen firmemente en su inexistencia, alegando que sus traductores hicieron un trabajo perfecto y declararon que el texto original es inexacto. Tal atrevimiento, fácilmente rebatible por quienes no tienen las ideas tan prefijadas, les llevó a afirmar que existen párrafos en hebreo que "demuestran" que no hay ninguna reencarnación. Indudablemente no han leído los cientos de referencias que esos mismos textos contienen sobre ello y que afirman que es un don otorgado por Dios a la humanidad.

Pero más allá de cualquier debate teológico, hay una gran cantidad de testimonios sobre la reencarnación que están creciendo por el mundo, y junto con su número proliferan los estudios serios de los textos sagrados. Junto a los detractores están los científicos, cuya habilidad para dogmatizar atrevidamente les lleva a olvidar la gran cantidad de teorías científicas, anteriormente admitidas como maravillosas y hoy considerados tremendos errores. Y es que cuando la ciencia y los no creyentes se unen por una misma causa, no tienen medida para mostrar su ignorancia.

## ¿Quién es usted? ¿Qué sabe sobre su pasado?

Si usted es de los que niegan todo lo que hable de otras vidas, le pregunto:

- ¿Quién es usted?
- ¿Quién cree que le ha colocado aquí?
- ¿No ha presentido que dentro de usted hay dos personas diferentes?
- ¿Por qué su conciencia le hace seguir en ocasiones caminos diferentes?
- ¿Dónde estaba antes de nacer?
- ¿Qué sabe usted sobre su pasado?
- ¿Sabe adónde irá cuando muera?
- ¿Sabe usted de dónde vino, por qué está aquí y hacia dónde se dirige?
- ¿No ha presentido alguna vez haber vivido otra vida?

Éstos son algunos de los misterios de la existencia que sólo corresponden a su Creador conocer. A nosotros solamente nos es permitido, y debe ser suficiente, comprender la verdadera importancia de la Ley de la Reencarnación. Un razonamiento es que una sola vida humana no es bastante para lograr toda la perfección que se necesita para entender la vida y la inmortalidad. La reencarnación, por tanto, es otra oportunidad para que el espíritu aprenda, rectifique y recupere todo su potencial, aprovechando la experiencia adquirida durante su peregrinación.

## Los estudios de vidas pasadas

En la Universidad de Virginia se han investigado más de 2.600 casos de niños que han relatado experiencias en vidas pasadas. Por lo menos se han verificado 900 de estos casos en los cuales los doctores han recibido información precisa sobre hechos históricos que es imposible que esos niños puedan haber aprendido en los libros. Además, los niños recordaron estos acontecimientos con ellos de protagonistas, como parte de sus vidas.

Los métodos y técnicas de la investigación han continuado durante muchos años y siempre se han ganado un respeto bien merecido entre la comunidad científica escéptica. Teniendo en cuenta el poco prestigio que estos experimentos proporcionan y la poca ayuda que la Iglesia suele aportar, indudablemente supone un mérito añadido para estos científicos que quieren indagar en el mayor de los misterios de nuestra existencia. Por supuesto, los numerosos ataques que reciben, sin que sus atacantes manifiesten interés por los resultados, han sido encajados perfectamente por ellos, pues estaban seguros que así sucedería.

## Una historia

Un espíritu lleno de luz, pureza e inocencia, se encuentra ante el Creador y pregunta: "Señor, dime cuál es mi misión, porque deseo realizarla."

El Señor suavemente le contestó: "Espera, yo uniré a un hombre y una mujer en la Tierra, y de esa unión nacerá un niño en que te encarnarás. De esa manera, siendo hijo de hombre, recogerás experiencia en las tribulaciones de la percepción mundial y unirás la ternura de una madre y las caricias de un padre."

El espíritu esperó con alegría este momento y entre tanto el Señor unió a un hombre y mujer con ataduras de amor y así los envió a lo largo del camino de la vida.

Un nuevo ser se concibió dentro del útero de la mujer y el Creador envió ese espíritu a encarnarse en ese cuerpo, y en el noveno mes vio la luz del mundo. La madre sonrió con felicidad, mientras el padre estaba lleno de orgullo. Ese niño era un acontecimiento bendito para ambos, porque era fruto de su amor. La mujer se sentía fuerte, mientras el hombre se sentía un poco como su Creador. Los dos se dedicaron con devoción a ese hijo. El espíritu que estaba unido al niño sonrió cuando observaba la mirada dulce de su madre y la serena, y al mismo tiempo tierna, cara del padre.

El tiempo pasó, y el padre en su lucha por la vida abandonó su nido de amor. Tomó caminos sinuosos, tuvo problemas con su trabajo y poco a poco comenzó a hundirse económica y moralmente, terminando viviendo como un pordiosero en la calle. Se dedicó entonces a robar y pelearse, hasta que, sintiéndose enfermo y deprimido, le llegaron a la mente los dos amores que había abandonado. Pensó volver y buscarlos, pero le faltaron las fuerzas. Entonces, pasando revista a su anterior vida, recuperó algo de su energía y acumulando valor emprendió un lento y tortuoso camino hasta su casa, y por fin alcanzó las puertas de su hogar, donde su esposa le dio la bienvenida con los brazos abiertos y lágrimas en sus ojos. Le dijo que el niño estaba enfermo y agonizando.

El padre acudió a ver a su hijo enfermo e imploró la caridad divina por su recuperación. Nada consiguió y desesperado vio llegar la muerte del niño y separarse su espíritu. Los padres quedaron desolados y se hicieron responsables por el infortunio que llevó a la muerte a su hijo: él por haberse marchado en busca de trabajo, y ella por no saber detenerlo.

Cuando ese espíritu se encontró ante la presencia del Creador le preguntó: "Señor, ¿por qué me has separado de los brazos de mi madre y has provocado la ausencia de mi padre? Eso me ha hecho llorar mucho y muerto de desesperación." A esto el Señor le contestó: "Sé paciente y espera el momento en el que volverás a ese mismo pecho cuando ellos hayan reconocido sus errores y entendido Mi Ley."

El hombre y la mujer continuaron unidos, en soledad, e interiormente arrepentidos de sus faltas, cuando de nuevo fueron sorprendidos por el embarazo de un nuevo niño. El Creador dirigió el espíritu de nuevo para que volviera a ese pecho diciendo: "Encarnado queda en ese cuerpo que está preparado para una nueva existencia, y jubiloso por tener una nueva oportunidad."

Los padres, que habían considerado a su primogénito como perdido, no fueron conscientes de que él había vuelto a su pecho; sin embargo, el vacío ocasionado por el primero estaba ahora lleno por el segundo. La felicidad y la paz retornaron a ese hogar, la madre sonrió de nuevo y el padre estaba igualmente de buen humor.

Pero el hombre temía una nueva separación de su familia e intentó apaciguar sus ambiciones permaneciendo cerca de ellos, pero al mismo tiempo se olvidó de su experiencia pasada e, influido por malos amigos, se rindió al vicio y la tentación. La mujer se quejó, le reprochó y solamente sabía gritarle y rechazarlo cuando él intentaba el perdón. Esa casa se convirtió en un campo de batalla y pronto el hombre, ahora de nuevo arrepentido, se quedó derrotado, enfermo y debilitado. Entre tanto, la mujer dejó al niño en la cuna y se marchó en busca de consuelo y de alguien a quien llorar. No quiso buscar trabajo, tampoco intentó ayudar a su esposo, y pasaba más tiempo con las malas compañías que con su pequeño hijo.

Por este comportamiento ambos recibieron humillaciones e insultos por parte de la gente, nadie les quiso ayudar para sacarles de sus errores, y pronto la carencia de pan en la casa se hizo insoportable.

Dios era el único que tenía compasión para ellos y especialmente por el espíritu inocente, y antes de que él pudiera abrir sus ojos para razonar, murió y acudió a la llamada de Él. Cuando el espíritu estuvo ante la presencia del Señor, le dijo con gran pesar: "Padre, una vez más me has separado de los brazos de aquellos a quienes amo. Mira, qué destino más difícil es el mío. Hoy yo te imploro que me dejes en un hogar para siempre o contigo, pero no me hagas peregrinar de nuevo, porque estoy cansado."

Cuando el esposo salió de su letargo, vio una nueva escena de dolor. Su esposa lloraba sin consuelo al lado de la cama del segundo niño, que había muerto. Entonces el hombre intentó quitarse la vida, pero su compañera intervino y le dijo: "No atentes contra tu vida. Sostén tu mano y comprende que nosotros somos la causa por la cual Dios se ha llevado a nuestros niños." El hombre recobró sus sentidos y comprendió que había verdad en esas palabras. Cuando los días pasaron, la calma vino despacio a esos corazones que tristemente recordaron a los niños que murieron y habían sido la alegría de esa casa que después se convirtió en un lugar de desolación.

Entonces el espíritu preguntó al Creador: "Padre, ¿me vas a enviar de nuevo a la Tierra?" El Padre contestó: "Sí, de nuevo, y tantas veces como sea necesario, o hasta que esos corazones se limpien." Cuando el espíritu se encarnó, su nuevo cuerpo estaba enfermo igual que los corazones de sus padres. Desde su lado de la cuna el espíritu se elevó al Padre en demanda de curación, pues durante su corta existencia aún no había contemplado la luz del mundo. No había ninguna sonrisa en los labios de sus padres, sólo lágrimas. La madre lloraba de la mañana hasta la noche cerca de la cuna del infante, mientras el padre arrepentido sentía que su corazón estaba roto de pesar, ya que el niño había nacido muy enfermo.

La presencia de ese espíritu dentro de ese cuerpo enfermo fue breve y volvió así antes a la presencia del Creador. Una vez más la pareja experimentó la soledad, sufriendo, sin embargo, como nunca antes habían sufrido. Sus corazones mostraron devoción y prometieron seguir juntos hasta el final de sus vidas. El hombre cumplió sus deberes y ella cuidó a su marido, y los dos se curaron.

Consideraron difícil que Dios les concedería de nuevo otro niño, pero cuando el Creador contempló que la salud física y espiritual había florecido dentro de esos seres, les envió ese espíritu como premio, pues la abnegación de uno y la corrección del otro habían producido el cambio. Entonces del vientre de esa mujer salió un cuerpo pequeño y frágil, como un brote perfumado, que llenó esa casa de felicidad y paz.

El hombre y la mujer, llorando con alegría, se arrodillaron y dieron gracias a Dios por esta nueva oportunidad, mientras que el niño y su espíritu obediente sonrieron a través del cuerpo del infante y dijeron a Dios: “Señor, no me separes de nuevo de mis padres, pues en esta casa hay paz, amor en sus corazones, calor en mi cuna, leche en el pecho de mi madre y miel en la despensa. Hay pan en la mesa, afecto en mi padre y suficientes manos para el trabajo.”

## TEXTOS JUDÍOS SOBRE LA REENCARNACIÓN

*Los Textos judíos de Reencarnación son una colección de cuentos tradicionales y modernos sobre la reencarnación.*

Rebbe Nachman de Breslov dijo: *El mundo dice que las historias contundentes ayudan a uno para dormirse. ¡Pero yo digo que las historias contundentes despiertan a las personas!*

¿Tiene el judaísmo realmente enseñanzas sobre la reencarnación? Sorprendentemente, la respuesta es sí. Esparcido a lo largo de muchas cábalas y textos, hay referencias claras a la reencarnación y otros fenómenos psíquicos, así como numerosas historias con instrucciones con la reencarnación como tema central. ¿Por qué estos textos no se conocen mejor hoy?

En décadas anteriores, estas historias se escribieron a menudo fuera de los textos judíos como las supersticiones del Viejo Mundo. Las colecciones académicas tendieron a enfocarlos como cuentos morales y éticos mientras daban énfasis a los elementos místicos. Pero con el reciente interés por la parapsicología y la terapia de regresión de vidas pasadas, muchos judíos están echando una segunda mirada ahora a sus propias enseñanzas sobre la reencarnación o renacimiento corporal.

Hay referencias sobre la existencia de historias judías y folclóricas, entendiéndose como folclore al conjunto de las tradiciones, creencias o costumbres populares que contribuyen el acervo tradicional de un pueblo y también a la ciencia que lo estudia. Hay por ello numerosas referencias sobre la reencarnación en los textos hebreos clásicos, aunque ahora se encuentran algo deformadas por las traducciones.

Las historias se esparcieron a lo largo de una plétora de trabajos que no son fáciles de localizar fuera de bibliotecas especializadas. Si el lector aficionado desea buscarlas finalmente, encontrará a menudo referencias hacia la reencarnación que serán mayoritariamente frustrantes y confusas, como si el traductor no estuviera de acuerdo con los textos de origen y quisiera ejercer de censor o juez. Aunque algunas de las historias se detallan con esmero en cuanto al tema del renacimiento, no se enseñan ya en los colegios y se consideran productos de la fantasía de sus autores.

Por ejemplo, considere esta anécdota sobre el Rabino Kotzker:

*"Pasó una vez que dos demandas de oración llegaron ante Kotzker: una era para una mujer que estaba cantando cuando el cielo lo prohibía, y otra para una mujer que tenía dificultad en su embarazo. Para ambas, una palabra al rey mago fue suficiente."*

Esta anécdota es, de hecho, un fragmento de una historia más larga, incluida en el libro como "La difícil decisión", donde el alma de un hombre agonizante estaba destinada a entrar en el feto que iba a nacer. Sin embargo, para el lector medio moderno le será difícil considerar esto como una referencia hacia la reencarnación.

Incluso en trabajos sobre otras historias que lo explican más claramente, los índices están tristemente incompletos en este tema y hacen difícil poner a cero las historias sobre el renacimiento. La única manera de encontrar historias sobre este tema es leer antologías enteras, una tarea aplastante para el lector casual.

Existen, por supuesto, trabajos antirreligiosos, como A.B. una sátira de Gotlober, en donde usa la reencarnación como excusa para ridiculizar el mundo judío ortodoxo de su tiempo. También hay otras obras de autores de ficción modernos, como *El Jewbird* de Bernard Malamud, o *Yachid y Yechida* y *El Almacén* de I. B. Singer. Su mayor delito no está en la burla sobre las creencias esenciales de millones de personas (motivo ya en sí importante), sino en que estos trabajos de ficción usan motivos judíos auténticos sobre la reencarnación, algunos de los cuales aparecen totalmente deformados para dar credibilidad al autor.

Existe otro problema igualmente extendido y es que los escritores de hoy improvisan a menudo con el idioma moderno y su imaginación para clarificar ciertos conceptos que están confusos en las versiones originales. También es frecuente que usen, para intentar hacerlos asequibles a todos los públicos, eufemismos tras los cuales se esconde una alteración sustancial de los textos originales.

En siglos anteriores, el **gilgul**, nombre hebreo que se otorga a la reencarnación, normalmente es enseñado a través de las indirectas y alusiones que no son reconocidas fácilmente de buena gana. Un énfasis en una cierta palabra, una referencia a un verso bíblico o una explicación sutil a algo impreciso, deforman tanto el original que convierten un tema interesante en la simple opinión del autor.

En 1937, Jiri Langer escribió:

*"El orador no habla exclusivamente con palabras. Si su vocabulario se demuestra inadecuado, él puede ayudarse junto con los gestos, la mímica o las modulaciones de la voz. Al relacionar algo confuso, bajará su voz al nivel de un cuchicheo. Si tiene un misterio para desvelar, aumenta su volumen para indicar algo importante en su discurso y rompe la cadencia de sus palabras empleando frases que acompaña con un significativo pestañeo o entornando los ojos. Si tiene que describir un poco de belleza sobrenatural, cerrará sus ojos y girará su cabeza como si estuviera en un auténtico éxtasis. De esta manera, el oyente puede entender mucho más de él que con la simple palabra hablada."*

En el mundo de hoy, la descripción de Langer se puede aplicar todavía, y un "pestañeo significativo" es suficiente para comentar algo místico, posiblemente mucho mejor que unas palabras ordinarias. La parte del problema es que, en general, esos textos judíos necesariamente no siguen el estilo narrativo occidental. Para seguir este razonamiento, hay que desarrollar una manera diferente de oírlos o leerlos.

Del mismo modo que ahora hablamos de hipertexto cuando queremos explicar algo entre líneas, o para unir palabras específicas o conceptos a una definición o enseñanza que se explica en otra página, o incluso en otro libro, así deberemos leer los libros sagrados. La "computadora" que une estos "websites" antiguos es el cerebro del estudioso, a quien se le entregan las suficientes referencias para que busque en otro lugar las explicaciones que necesita. No se puede, por tanto, leer y tratar de comprender un libro bíblico literalmente, ni mucho menos sacando las palabras de su contexto para buscar regocijo en los incrédulos.

Una persona que ha memorizado materiales de Torah tiene acceso simultáneamente a muchos comentarios diferentes en el mismo tema. Une mentalmente una idea a otra en el mismo hilo, sosteniendo numerosas "ventanas" que se abren y tejiendo toda la información junta en un todo coherente.

Como el Rabino Aryeh Kaplan escribe en su introducción al *Sefer Ha-Bahir*, un texto del siglo XII:

*"La manera más apropiada para estudiar cualquier texto religioso antiguo es tomarlo en conjunto y usar cada parte para explicar cada otra. El estudiante debe encontrar hilos de ideas que atraviesan el texto, y seguirlos de un lado a otro, hasta que el significado completo quede determinado. En textos muy grandes como el* Zohar, *esta metodología asume una importancia aún mayor, y sin él, muchas de las escrituras aparecerán poco menos que como una charla incoherente."*

Es por esta razón que los rabinos han insistido mucho tiempo en que hay que dominar primero los textos de Torah no místicos antes de seguir estudiando los místicos. Esto no era, como algún secularista ahora exige, para ejercer ningún mando autoritario por parte de quienes tenían acceso a las enseñanzas. Más bien, era para asegurar que el estudiante tenía el correcto enfoque (software) instalado en el cerebro antes de intentar llegar a los materiales más complejos. A menos que el nivel de este preliminar aprendizaje sea completado, todo el *Zohar* no será considerado mejor que una pequeña charla.

Pero incluso los judíos más antiguos tenían una forma intuitiva para comprender los matices sutiles de estos cuentos mucho mejor que la nuestra. Estas historias fueron contadas originalmente por un judío ortodoxo a otro dentro del mismo entorno, y se asumieron muchos detalles simplemente por ser conocidos entre los oyentes. El Rabino Nachman de Breslov, por ejemplo, decía sobre las alusiones místicas frecuentemente usadas en sus cuentos, que eran muy conocidas en el cábala, la forma que tenían los judíos para entender y explicar los textos bíblicos. Pero para el lector moderno que a menudo incluso desconoce el fondo más básico de las costumbres judías y sus creencias, algo muy conocido en el kabbalah requiere una explicación extensa.

Es importante que la persona que se acerque a estos textos se ponga en situación, que se mentalice, Por ejemplo: cuando lea que "era la víspera del Sabát..." debe imaginarse una escena familiar efectuada la víspera del Sabát, el viernes por la noche y no más tarde del domingo.

Por otro lado, los mismos textos deben leerse de manera extensa, no un capítulo por día, puesto que, si algo no tiene sentido, simplemente siguiendo con la lectura se encontrará la explicación. Todos sabemos que el judío secularizado todavía tiene un fondo cultural más amplio que el promedio, y eso le ayuda aún más a interpretar toda clase de textos religiosos antiguos.

# LA REENCARNACIÓN SEGÚN DISTINTAS RELIGIONES

## Budismo

El conocimiento lleva a la salvación y después de la muerte quien no lo posea, estará privado de reencarnarse. No existe sentimiento de miedo ante la muerte, puesto que nos lleva directo al nirvana (bienaventuranza obtenida por la absorción e incorporación del individuo en la esencia divina), pero todavía existe el temor ante la necesidad de volver a nacer.

Con la reencarnación se logra un nuevo y mejor nacimiento si la vida anterior ha estado llena de buenas obras y otra peor en el caso contrario, aunque los hechos no son tan decisivos como los motivos que los han impulsado. Más que los hechos, cuentan los propósitos y las razones, así como el estado anímico que los ha impulsado. El odio, la ofuscación y la codicia, por ejemplo, así como los deseos de perjudicar a alguien, son elementos muy negativos.

La fuerza que impulsa la reencarnación es la necesidad que nos ata a la existencia por medio del "mío y del yo". La ausencia de apetencias y deseos intensos nos lleva a la salvación, mientras que las personas que han estado pegadas a esta vida material, incluso cuando ha sido por ignorancia y carencia de ayuda, están condenadas a otra vida de dolor.

## Budismo Tibetano

*El Libro de los Muertos del Tíbet* se escribió hace miles de años por monjes. Esencialmente nos dice que el alma atraviesa muchos mundos no corporales antes de la reencarnación en la Tierra.

La diferencia con el hinduismo es que los budistas sienten que no hay ningún alma permanente y alegan simplemente que van de vida en vida aprendiendo lecciones hasta el esclarecimiento. La reencarnación es causada por tres fuegos: el deseo, pensamiento enfermo e ignorancia. Extinguidos estos fuegos, se logra el nirvana, la bienaventuranza obtenida por la absorción e incorporación del individuo en la esencia divina. El alma, para ellos, es permanente.

## Islam

Alá efectuará un juicio el último día sobre el comportamiento terrenal y la conducta de los creyentes. Este juicio, calificado como gran catástrofe, está perfectamente definido y allí el tribunal de Dios revisará todos los actos de cada persona que estén escritos en un libro. La sentencia es anunciada por Dios y en ese momento se separan los justos de los pecadores. Los pecados son especialmente considerados cuando han tenido manifestaciones o consecuencias externas, mientras que la unión de la fe con los actos buenos se considera la mejor oportunidad para la vida eterna.

La muerte está conducida por unos ángeles especiales, quienes se encargan de llevar a las personas al cielo o al infierno. El paraíso es un lugar en el cual se mezclan los placeres sexuales con jóvenes llamadas huríes, junto con manjares y la contemplación de Dios, esta última solamente al alcance de unos pocos fieles elegidos por Dios y que solamente pueden disfrutar durante unos instantes.

### Corán

Una cita en el Corán dice: "Dios genera a los seres y los envía atrás una y otra vez hasta que ellos vuelvan a él."

### Egipto

La transmigración era el mecanismo aceptado para la reencarnación. Después que una persona ha muerto, se reencarnará en un animal durante 3.000 años hasta que se purifique. Sólo entonces, volverá a la forma humana.

### Grecia

Orfeo fue el fundador de la teología griega y Pitágoras y Platón la usaron como fuente para sus propias filosofías. Pitágoras (582-507 a.C.) declaró y revocó muchos recuerdos de las encarnaciones de su alma, mientras que Platón (427-347 a.C.) declaró que cada alma es inmortal y en cada paso de la vida a la muerte se sufrirá o se disfrutará según el comportamiento anterior.

### Judaísmo

Aunque no existe una sistematización o dogmatización relativa a la vida en el más allá, la unión constante con Dios permanece configurada con el paso del tiempo en todos los escritos. Se piensa que la reencarnación está unida a la participación en el reino del Mesías, ligada a la misma idea que existe sobre el Paraíso Terrenal, como algo material, corporal, o como la Tierra de Promisión. Las alegorías a criterios más espirituales existen igualmente, pero están más ocultas.

Se perciben igualmente las mismas tendencias de otras religiones en cuanto a la necesidad de llevar una vida exenta de pecado y, puesto que todos los seres humanos participarán en la resurrección, los pecadores serán condenados y excluidos de ese Paraíso. No reconocen, por otro lado, nada que hable de dos destinos o predestinación, pero están seguros que la nueva vida es solamente para los justos, mientras que los arrogantes, los ignorantes, y aquellos que han transgredido de algún modo los mandamientos, no gozarán de otra vida placentera.

## Judaísmo antiguo

Había tres sectas de filosofía entre los judíos: los saduceos creían que el alma se moría con el cuerpo. Los eggenes y fariseos creyeron en la reencarnación, mientras que en el texto sagrado de *El Cábala* aparece frecuentemente la reencarnación.

Según estas enseñanzas, todas las almas humanas tienen un origen común en Adán Kadmon. El pecado original de Adán llevó a las almas a la confusión y como resultado cada alma atraviesa una serie de encarnaciones antes de volver a Dios. Los judíos antiguos creyeron que Moisés era la reencarnación de Abel, el hijo de Adán, y que el Mesías era la reencarnación del propio Adán, quien ya había tenido su segunda oportunidad.

## Roma

El poeta Ennio presentó la idea del karma a los romanos. En sus *Anales*, dice que Homer se le apareció en un sueño y le dijo que sus dos cuerpos tenían la misma alma. Virgilio (70-19 a.C.) en el *Aeneid* dice: "Todas las almas vuelven de nuevo a los cuerpos vivientes."

## Teosofía

Alrededor del año 1875 H. P. Blavatsky, Col. H. Scott, William Judge y otros fundaron la Sociedad de Teosofía en Nueva York. Era el primer movimiento importante en el mundo moderno para investigar y estudiar la reencarnación y los conceptos relacionados. Los teosofistas consideran la reencarnación como la ley universal de progreso evolutivo.

## Cristianismo

El Juez supremo es Dios, a quien se le considera justo pero implacable con quienes no siguen sus mandamientos. Premia las buenas acciones y castiga a los pecadores, y la recompensa llega con la muerte, por lo que frecuentemente es necesario sufrir en la vida terrenal.

El premio es infinito, pues se goza de la vida eterna, pero no explican con detalle en qué consiste esta vida y ni siquiera mencionan ampliamente las características del Paraíso. Alegan que el goce consiste en la contemplación de Dios, en comer en la mesa del Señor y también en que reinaremos con Él por toda la eternidad en el Reino de los Cielos.

La oposición del infierno con relación al cielo se contempla en textos algo más recientes, pues existía la necesidad de explicar qué ocurre con los pecadores que no pueden gozar del premio celestial y se afirma que quienes mueran en pecado mortal acabarán en el infierno para siempre después de la muerte. Allí padecerán las torturas corporales, la pérdida de la visión de Dios y los innumerables remordimientos de conciencia por sus pecados y la consecuencia de ellos. Algunos textos no están de acuerdo con este castigo eterno y lo consideran una contradicción si lo comparamos con la bondad de Dios.

La resurrección es corporal y se afirma que esos cuerpos serán ya imputrescibles, tal como lo fue el de Jesucristo, y así llegarán al Juicio Final, lugar y momento para el que no existe una fecha concreta. Los partidarios del reino de los mil años, que fueron muy populares durante el final de la Edad Media, no estaban de acuerdo con muchas doctrinas de la Iglesia oficial y hablaban de expectativas más cercanas, junto con otros grupos como los anabaptistas.

El Apocalipsis de San Juan, copiado parcialmente de los textos del Antiguo Testamento, entre ellos el Libro de Daniel, nos habla de la decadencia de las costumbres, las guerras, las injusticias, las plagas y el dominio del Anticristo, como preludio del reino de Dios, donde la justicia divina se elevará más claramente.

## Cristiandad y Biblia

Celsum declara que el alma entra en un cuerpo según sus acciones anteriores y entonces el cuerpo efectúa los cambios. San Agustín (354-430 d.C.) dijo que el mensaje de la reencarnación de Platón es el más puro y más luminoso de toda la filosofía.

El emperador Justiniano cerró la Escuela Neo-platónica en Atenas y desterró esas enseñanzas. Antes de esto, los primeros cristianos, incluso San Agustín, aceptaron el concepto de la reencarnación, como algo ligado a la materia. En el siglo VI, el Segundo Concilio de Constantinopla condenó estas enseñanzas porque parecía más fácil controlar a las masas si creían que solamente tenían una vida y que debían comportarse bien si querían enfrentarse con tranquilidad en el Día del Juicio Final. A ese concilio ni siquiera asistió el Papa de Roma, ni San Francisco de Asís, así como tampoco muchos otros monjes católicos famosos. Generalmente, los obispos y teólogos cristianos se han apartado públicamente desde entonces de la idea de la reencarnación y durante casi mil años el concepto desapareció de la Europa cristiana. En el siglo XV en Florencia, Italia, bajo la protección de la Casa de los Medicis, las enseñanzas de Platón hicieron reavivar este concepto.

## LA REENCARNACIÓN EN EL *KABBALAH* Y EL TORAH

Según el *Kabbalah*, las almas se reencarnan, y ésta es una explicación plausible sobre ello:

### Capítulo I

1. Si un alma pudiera aprender más Torah podría abstenerse de hacer malas acciones, o si pudiera hacer buenos hechos y los pecados no pudieran ser rectificados por el alma, entonces entrarían en el cuerpo de otra persona para reencarnarse.

2. Así es como funciona. El alma en pecado entra en el cuerpo de un nuevo bebé y padece el mismo sufrimiento que el cuerpo y no puede separarse de ese cuerpo hasta que se muera.

3. Por consiguiente, si una persona sabe que su alma es un alma reencarnada y sabe que a causa de sus pecados se ha reencarnado, debe esforzarse por rectificar el pecado, aunque la rectificación de ese pecado causará su muerte.

4. Además, debe llevar a cabo todos los buenos hechos que necesite, aun cuando ya los haya realizado en su primer cuerpo y crea que no tiene necesidad de rectificación acerca de ellos. Pero no tiene que efectuarlos por el solo hecho de no haberlos realizado anteriormente en su primer cuerpo, pues los debe ejercer como un deseo de estar dentro de los mandamientos universales. Esos hechos buenos son, por ejemplo, aquellos que se ordena efectuar en ciertos momentos específicos (comiendo pan ázimo en Pascua, etc.) y si no los hace tendrá que reencarnarse debido a ello.

5. Sin embargo, el castigo por los hechos buenos no realizados es diferente para cada alma y depende de su raíz en el cielo.

6. Cada alma ya tiene su lugar en el Paraíso, pero solamente cuando aún tiene tiempo para subir y encontrar un mejor lugar.

7. Este proceso sigue para siempre. Cuanto más alto un alma viaja, más se espera de ella.

## Capítulo II

Las reglas de la reencarnación son como sigue:

1. El alma puede reencarnarse tres veces, y la primera vez es en este mundo. Si el alma no tuviera éxito para recti-

ficar algo en esas tres veces, ésta es la prueba de que el alma contiene más malo que bueno. Lo bueno que contiene se da por consiguiente al hijo de la persona o a otra persona cuya raíz del alma es igual que la suya.

2. Por consiguiente, las personas que se involucran con las personas malas y buscan ayudarlas espiritualmente, si el malo se niega a arrepentirse, entonces el bueno se irá con los virtuosos y el malo seguirá con otros malos, destruyéndose completamente. "Si uno lo merece tomará en otro una porción en el Paraíso y la otra persona tomará su porción en el infierno."

3. Si, por otro lado, en las tres reencarnaciones el alma empezara a rectificar sus limitaciones, entonces puede reencarnarse incluso mil veces hasta que alcance la reparación final.

4. Por consiguiente, el virtuoso prefiere reencarnarse antes que soportar los fuegos del infierno, lo que puede evitar si en cada reencarnación logra algo.

5. Pero para el malo, lo más probable es que después de tres reencarnaciones sea enviado al infierno. Él sólo pierde teniendo más reencarnaciones.

6. Hay cinco niveles del alma: las reglas, el espíritu, la respiración de vida, la fuerza viviente, lo único. Las reglas del alma, el espíritu y la respiración de vida son idénticas. Sin embargo, el alma diferente, el espíritu y la respiración de vida no pueden ser rectificados mediante el infierno, y solamente pueden serlo mediante la reencarnación. La fuerza viviente y lo único vienen de un mundo muy alto.

7. Hay un concepto que dice: "El virtuoso es quien sufre y el malo quien prospera." Esto es causado por la transmigración del alma. El virtuoso posiblemente sufre debido a los pecados efectuados en una encarnación anterior y el malo prospera debido a hechos buenos realizados en una encarnación anterior.

## Capítulo III

1. Dicen que una vez que se cambiaron todas las almas que estaban en este mundo, los espíritus y respiraciones de vida, cuando les llegó un segundo momento, pasaron a reencarnarse. Esto incluso se aplica a esa parte del alma de Adán que entró en las manos de las fuerzas del mal como resultado de su pecado. La regla es: un alma reencarnada nunca puede lograr su espíritu. El alma debe reencarnarse un tercer tiempo para unirse con su espíritu.

2. Además, si el alma se rectifica, puede ser posible que ciertas intenciones místicas saquen a su espíritu de las fuerzas del mal. Su espíritu recuperado entra entonces en el cuerpo de otra persona, pero no puede entrar en el mismo cuerpo con el alma.

3. La respiración de vida no puede alcanzarse y ponerla en el cuerpo de otra persona hasta que el cuerpo se muere y el alma se reencarna en otro tiempo.

4. Sin embargo, no se cambiarán el espíritu y la respiración de vida en la primera encarnación, sólo el alma será cambiada y en su reencarnación puede merecer a su espíritu y la respiración de vida si rectifica.

5. El alma cambiada que transmigra con su espíritu y respiración de vida, si pecara en la primera encarnación, debe reencarnarse, pero si sólo hubiera realizado un hecho bueno puede ser reparada entrando en el cuerpo de otra persona, aunque no en un recién nacido.

6. A veces el alma, el espíritu y la respiración de vida se reencarnan simultáneamente en tres personas separadas. Si el alma peca, entonces los tres bajan a las manos de las fuerzas del mal para ser reencarnados de nuevo en una persona. Pero como solamente el alma pecó en la encarnación anterior, el cuerpo realmente es “habitado” sólo por el alma.

El espíritu y la respiración de vida ganan por los hechos buenos realizados en el nuevo cuerpo, pero no pierden por cualquier pecado.

7. Posteriormente, deben soportar todos los sufrimientos que el cuerpo tendrá, incluso el dolor de la muerte.

## Capítulo IV

1. A veces el alma de un hombre es castigada por cierto pecado, reencarnándose en el cuerpo de una mujer. Esa mujer no puede tener niños, pues está "habitada" por un alma masculina, a menos que un alma hembra cambie y entre en la mujer en mitad de su vida. Lo que pasa entonces es que el alma hembra transmigrada se reencarna en el bebé que nace.

2. Por esta razón es imposible para esa mujer tener un niño masculino. Como consecuencia, sólo un alma hembra transmigra y entra en el cuerpo de otra mujer viviente y entonces nace como su niño. La mujer no puede tener otro niño hembra, a menos que el primero se muera.

3. Además, a través de un gran mérito, otra alma hembra transmigra y entra en el cuerpo de la mujer y se reencarna como el bebé de la mujer.

4. Igualmente, a través de un gran mérito esta mujer con el alma de un hombre puede tener un niño varón, pues el bebé viene de la hembra que transmigró en su cuerpo. En este caso el alma hembra del bebé cuando nace hace sitio para que un alma masculina entre en el cuerpo del bebé.

5. Esta unión de almas es posible solamente si hay una conexión desde la raíz entre ellos.

6. Un esposo que murió y su alma fue juzgada y que debe reencarnarse, y que dejó a su esposa embarazada, dejará un bebé con el alma del marido difunto.

## Capítulo V

1. Si una persona peca con su amigo, entonces tendrá que reencarnarse junto con él para ayudarle en su próxima encarnación, aun cuando la raíz del alma sea diferente. Si ambos tienen la misma raíz del alma, entonces, aun cuando él sea completamente virtuoso, debe reencarnarse para ayudar al alma de su compañero.

2. Si un alma se reencarna porque pecó en su primera encarnación, las desigualdades pueden hacerle pecar de nuevo. Si el alma no pecó en su primera encarnación, pero ha descuidado realizar un hecho bueno, el alma tiene una oportunidad mejor de no pecar. Si el alma se reencarna para hacer un hecho bueno que no tuvo oportunidad para hacer en su primera encarnación, posiblemente no pecará. Si el alma se reencarna para ayudar a otras almas a rectificarse, tampoco pecará. También es posible para semejante alma lograr su espíritu y la respiración de vida incluso en su primera reencarnación.

3. Pueden reencarnarse las primeras tres veces alrededor de un alma y posiblemente no tengan un alma que les ayude. Pero después de eso, el alma tendrá otras almas que le ayuden.

## Capítulo VI

1. Es imposible que dos almas viejas (almas que han estado antes en este mundo) puedan transmigrar juntas en un cuerpo. Ellas pueden reencarnarse, sin embargo, en el momento del nacimiento de un cuerpo, aunque también es posible que una nueva alma incluso pueda tener con ella tres almas viejas, pues la nueva alma une las almas viejas.

2. Las almas aparecen en orden de grandeza, la menor primero, después la siguiente y así sucesivamente.

3. Hay una reencarnación doble y esto significa que se reencarnan un espíritu y una respiración de vida para unir su alma en un cuerpo. Todavía, por alguna razón, ellas van a un alma diferente encontrada en un cuerpo distinto desde que esa alma también es de su misma raíz.

4. Un alma que habitó un cuerpo que no ha tenido ningún hijo, no puede reencarnarse o incluso puede transmigrar con el propósito de ayudar un alma en conflicto, pero finalmente tiene que regresar junto con otra que haya tenido niños. Por consiguiente, aun cuando ese alma rectifique, todavía no se puede unir con su espíritu y respiración de vida a menos que el alma junto con la que regresa también rectifique.

5. Una persona que solamente tiene un alma, un espíritu y una respiración de vida encarnada en él, y que posee el alma dañada, tiene que hacer una reparación como si hubiera dañado el espíritu y la respiración de vida, justo desde el momento que dañó su alma.

## Capítulo VII

1. Hay algunas almas que, debido a su pasado reencarnado en mineral, verdura y animal, su tiempo de reconstitución es fijo. Los reencarnados en mineral sólo pueden subir al nivel de verdura durante cuatro meses hebreos del año: Av, Elul, Tishrey y Chesvon. Si no logran hacerlo durante estos meses tienen que esperar hasta el próximo año, justo en esos meses, para reencarnarse.

2. Los reencarnados en verdura sólo pueden subir al nivel de animal en los primeros cuatro meses hebreos del año: Nisan, Iyar, Sivan y Tamuz. Los encarnados en animal

sólo pueden subir al nivel de hombres en los últimos cuatro meses hebreos del año: Kislev, Tayves, Shvat y Adar.

3. Cuando el mineral entra en una verdura, el alma sube al nivel de verdura, y cuando la verdura entra en el animal, el alma sube al nivel del animal. Finalmente, cuando el animal entra en el hombre se alza al nivel del hombre.

4. Hay dos posibilidades cuando un alma reencarnada en un animal entra en un hombre que come la carne de ese animal: la persona puede volverse loca y actuar de manera irracional, o el alma puede actuar como un alma transmigrada que entra en un cuerpo y terminar por asimilar su sabiduría.

5. A veces se saltan calidades; por ejemplo, un animal puede comer un mineral o un hombre puede comer una verdura o un mineral.

6. Cuando se saltan calidades, simplemente es más difícil rectificar el alma.

7. La regla es que cualquier estudioso de Torah, aun cuando sea ignorante en sus principios, puede levantar un alma del nivel animal al nivel humano. Un estudioso de Torah que conozca sus secretos puede levantar el alma del nivel de la verdura al nivel humano.

8. Sin embargo, la persona ignorante no puede levantar el alma incluso del nivel animal al nivel humano.

## LAS NUEVAS IDEAS RELIGIOSAS

La reencarnación y transmigración de almas son palabras y expresiones que han encontrado su puesto en el idioma cotidiano en relación con la espiritualidad. En los últimos años han influido en nuestro mundo de ideas y las han cambiado, pues los nuevos movimientos religiosos se arraigan más firmemente en nuestras culturas. Es importante conocerlos para entenderlos, pero, por otra parte, no podemos evaluar ideas comunicadas simplemente por las palabras. A menudo, las personas que usan las nuevas palabras no tienen un entendimiento muy profundo de lo que realmente están diciendo y una de las razones es que los líderes espirituales de los nuevos movimientos religiosos tienden a confundir los términos o a modificar los auténticos para hacerlos más aceptables por la mayoría de las personas.

Entre las nuevas expresiones que debemos aprender para entender la religiosidad oriental que forma parte de numerosas sectas con gurú y las clases del yoga, son las palabras samsara y karma. Realmente, son las ideas más importantes para la comprensión de todas las religiones orientales.

Las palabras realmente no pueden traducirse en los idiomas hablados en otras partes del mundo, pues no tenemos ningún término correspondiente en nuestra tradición espiritual occidental. Por consiguiente, los nuevos hindúes occidentales encuentran difícil interpretarlas y hacerlas comprensibles para los extranjeros, pues incluso la esencia de la filosofía oriental difiere de la nuestra. Esto no quiere decir que sus creencias no tengan ninguna conexión con las nuestras, ni que la doctrina del hinduismo genuino no pueda ser explicada con palabras. Es justo bajo la superficie de escrituras y discursos, donde frecuentemente surge la luz.

Un **gurú** es un maestro espiritual hindú, cuyos discípulos viven a veces con él en una misma comunidad religiosa llamada "asram", aunque también pueden acudir a visitarle para recibir sus enseñanzas y consejos. En la actualidad reciben el nombre de gurús los maestros de las más diversas sectas, con lo que la palabra ha entrado en el lenguaje coloquial, adoptando a veces un tono despectivo. También hay gente que se autodenomina gurú por haber viajado a la India y llevar a su regreso túnicas y larga barba blanca.

Lo cierto es que las viejas y muy conocidas verdades tienen un significado completamente diferente sin que apenas lo podamos percibir y en una cita del apóstol Pablo se usa constantemente la palabra karma, lo que indudablemente es un error. Un ejemplo de esta enseñanza sería la cita: "un hombre siega lo que él siembra".

## KARMA

En términos populares karma ("acto") es un concepto que se emplea en las tres grandes religiones de la India para definir la efectividad de los actos humanos, y mediante los cuales quedarán determinados la clase y el nivel de la siguiente reencarnación.

El karma, pues, concibe la existencia humana como una larga cadena de vidas, en la que cada vida particular está determinada por las acciones de esta persona en su vida anterior. Por ello, una acción se convierte en karma cuando se realiza buscando un fin, especialmente en cuanto a asegurarse una buena reencarnación.

En las religiones de la India, que no conocen los conceptos de culpa, castigo y redención, el karma es un concepto esencial para comprender los comportamientos humanos y el necesario equilibrio para asegurarse un comportamiento individual correcto.

**Samsara** se refiere a la larga cadena de vidas de nuestra existencia, en la cual cada vida es simplemente un eslabón.

### ¿Todos poseemos karma?

Todo lo que hacemos regresa a nosotros, como la fortuna o el infortunio, como la salud o la enfermedad, y todo el futuro depende de lo bueno o lo malo que hayamos hecho en el pasado. Los resultados de nuestros actos se volverán contra nosotros inevitablemente más pronto o más tarde, por lo que, indudablemente, todos poseemos karma.

Los cristianos insistían en que debíamos asegurarnos del resultado de nuestras acciones, pues si la siembra no se efectuó correctamente no habrá nada que segar o recoger en el momento del Día del Juicio Final. Los hindúes, no obstante, llegan a la conclusión opuesta: "por todos los medios evite sembrar, porque si lo hace entonces tendrá que segar algún día". Ésta es la misma actitud del yogui comparada con el esfuerzo que solemos hacer los occidentales en la meditación.

## La enseñanza del karma

La enseñanza del karma ("acción") indica que se trata de algo negativo, una acción equivocada, y que es algo de lo cual hay que liberarse. El karma es la razón para la pobreza del mendigo, la enfermedad del enfermo y la situación desesperada de los oprimidos. Ellos siegan lo que otros sembraron en las vidas del pasado y por ello el karma es la razón para la prosperidad del rico, la buena salud del robusto y la posición afortunada del opresor.

La razón es que algunos son ricos ahora porque sembraron bien en el pasado. Así, debemos admitir que hay algo de fatalismo en la enseñanza del karma, pues tiende a hacer que los pobres, los enfermos y los oprimidos acepten la situación cuando parece ineludible. La única cosa que podemos cambiar del karma personal es esperar pasivamente a que la cosecha amarga de nuestras acciones del pasado se agote, para que podamos segar de nuevo y esperanzadamente sean mejores las frutas de nuestra vida presente.

La enseñanza de las influencias del karma en el rico, el saludable y el opresor, producen autoconfianza, felicidad y orgullo, pues están seguros de haber merecido su buena posición en la vida y que no necesitan ayudar al resto. Es más, se recomienda no mezclar karma y cada persona debe asimilar el suyo, el que se ha creado. Usted puede darle una moneda al mendigo en la calle, pero cambiar la pobreza de esa persona le será muy difícil.

Hoy día, el hindú ilustrado y bien educado intenta mezclar la enseñanza del karma con el humanismo occidental, y exigen que el karma dé la razón al creyente para que practique la benevolencia y filantropía. Si usted es bueno con otros, estos hindúes modernos mantienen que usted segará "un buen karma" en el futuro. Sin embargo, las escrituras indias no saben nada de lógica y, según su filosofía, el karma bueno es el resultado de evitar contaminarse, no robar y no mezclarse con personas que no sean de su medio social. El buen karma, por tanto, es el resultado de lo que usted ha evitado, en lugar de lo que realmente ha hecho.

## Transmigración eterna de las almas

La razón por la cual la enseñanza del karma tiene esta consecuencia inhumana, es la conexión íntima al samsara, palabra que proviene del sánscrito (idioma clásico de los hindúes) y que describe "la rueda de la vida", el ciclo eterno de todo. Es la noche y el día, el verano y el invierno, el nacimiento y la muerte.

El karma que segamos ahora ha sido sembrado en una vida anterior. El cuerpo, la familia, la nación y la clase social, casta, en los que hemos nacido, están determinados por acciones que llevamos a cabo en las vidas anteriores que se han vivido. En conjunto, las personas que nosotros vemos ahora mismo alrededor nuestro son solamente cuerpos, cada uno llevando un alma sumamente vieja que ha vivido en otros cuerpos en innumerables épocas del pasado. Cada alma ha nacido, ha vivido y ha sufrido, del mismo modo que ha encontrado la muerte y ha renacido durante miles de generaciones y en miles de años. Ésta es la idea básica.

## Samsara

Samsara también se denomina como transmigración de almas, pero la enseñanza en primer lugar se centra en el movimiento eterno del alma humana de cuerpo en cuerpo. De muchas maneras, esta enseñanza recuerda a la creencia en los fantasmas, la idea que mantiene que ciertas almas no pueden encontrar a los demás en sus tumbas y pueden estar paseando por la tierra, incapaces de morirse. Nosotros somos, según la enseñanza del samsara, las almas inquietas, limitadas en nuestro caminar, y que vamos de cuerpo en cuerpo incesantemente.

## Reencarnación

Samsara también se llama reencarnación (que en latín se podría definir como "de nuevo en la carne"), y nos indica que previamente el alma ha vivido en otros cuerpos y en otros ambientes. Cada vez más las personas aceptan la enseñanza de la reencarnación, porque encuentran atractivo tener otras encarnaciones para seguir existiendo. Indudablemente esta creencia es mucho más gratificante y estimulante que pensar que nuestra corta vida es todo lo que vamos a tener.

Los occidentales que creen en la reencarnación como una salida, suelen recordar su posición en otras vidas pasadas a menudo basada en posiciones excitantes, como príncipes, princesas, jefe indio rojo, o aquel personaje que les puede dar prestigio cuando hablan en público. Raramente nadie recuerda haber sido granjero, ama de casa o un plomero en una encarnación anterior.

En conjunto, los neo-hindúes occidentales tienden a entender mal algunos problemas básicos en la enseñanza de la reencarnación, esencialmente porque lo asocian con optimismo, como una evolución moderna. Creen que la reencarnación les da la posibilidad para tener una nueva oportunidad para disfrutar de la existencia y están seguros de que toda vida futura será siempre mejor. Pero el propósito del auténtico hinduismo es escapar de la reencarnación cuanto antes, para que puedan por fin alcanzar la liberación final de sus vidas en la tierra.

## SEPARACIÓN DE CUERPO Y ALMA

Es obligación de todos comprender que el cuerpo y el alma son dos elementos separados y un medio adecuado para entenderlo es el yoga. El propósito de esta disciplina corporal es liberar el alma de la cautividad del cuerpo. Las religiones orientales anhelan liberarse de lo que denominan como “cuerpo material tosco”, filosofía que es ahora compartida por un número grande de occidentales que relatan historias frecuentes sobre personas que han tenido experiencias en las cuales sienten que su alma ha salido del cuerpo.

Pero, realmente, esto no son ejercicios inocentes, espirituales. El cuerpo y el alma están estrechamente unidos en nosotros y son mutuamente dependientes. De hecho, practicando estas experiencias pueden terminar en la locura y ahora no nos referimos a la práctica del yoga, disciplina corporal perfectamente saludable. Es posible tener experiencias de haber estado fuera del propio cuerpo, pero no tienen por qué ser necesariamente útiles.

## La creencia en la resurrección

El pensamiento de la reencarnación es una idea relativamente nueva, presente en las mentes de las personas y en la historia de la religión. La enseñanza del samsara no se encontró en forma escrita hasta unos siglos antes de Cristo y algo más tarde en el *Upanishads* hindú. La creencia en la reencarnación es contraria a aquella que nos dice que algún día todas las personas subirán de sus tumbas y se enfrentarán al Último Juicio, y que después de eso entrarán en el Cielo o el Infierno. Realmente, la creencia en la resurrección como un fenómeno humano es más vieja que la creencia en la reencarnación.

Lo que es tan especial sobre la enseñanza bíblica de la resurrección, es que Jesucristo se menciona como el Señor de la vida y la muerte. En virtud de la unidad con Jesús, los cristianos esperan la resurrección de los muertos y el amor de Dios en Cristo les trae el Reino de Dios. La tierra de los muertos, "el Averno", nunca superará este amor.

## La vida eterna como condenación

Pero vagando en el samsara también encontramos el término de "vida eterna". Las razones y el cómo la humanidad llegó a esta inversión del pensamiento en el cual la vida eterna significa muerte eterna, es un misterio sobre el que nosotros sólo podemos suponer. El clima opresivo en la península india puede ser probablemente parte de esta explicación, junto con las catástrofes interminables de la naturaleza que siempre asolan esta parte del mundo. La historia india también es una narrativa larga de guerras, y de ejércitos victoriosos del Norte. Los nativos han tenido buenas razones para sentir la vida como una maldición.

Además, el hinduismo no sólo es una cultura para eruditos y filósofos; la mayor parte de la población india consiste en miembros de una tribu primitiva con el chamanismo como religión, una creencia centrada más en las sensaciones del cuerpo que del alma. Ya sabemos que el chamán es el hechicero al que se supone dotado de poderes sobrenaturales para sanar a los enfermos, adivinar e invocar a los espíritus. Por eso, es posible que, en el curso del tiempo, estas creencias admitidas como religión se unieran con la cultura sánscrita sofisticada y se formara la base para la creencia en la transmigración de las almas e incluso para el desarrollo del yoga como disciplina.

## Vida eterna como salvación y libertad

La enseñanza del samsara describe la vida eterna como muerte eterna, mientras que los cristianos creyentes en la resurrección describen la vida eterna como vida y libertad. Ahora la creencia en el samsara está extendiéndose, simultáneamente con el sufrimiento, y por ello las escrituras santas de Oriente dicen, incluidas todas las religiones budistas e hindúes, que hay que intentar salvarse a sí mismo del sufrimiento del samsara, de las ataduras que ocasionarían tantas reencarnaciones.

## CRISTIANISMO

### ¿Caminamos nosotros hacia la luz, o caminamos nosotros en la luz?

La diferencia entre el ocultismo y la cristiandad es muy simple, según explican: los cristianos caminan en la luz, y la luz que está representada por Jesús, camina entre ellos.

Los cristianos caminan hacia la liberación final donde toda la oscuridad del ocultismo ha desaparecido y Jesucristo como "la luz de luz, verdadero Dios", domina todo, y finalmente queda sujeto a Dios Padre, siendo ésta la meta final de vida que todos anhelan.

Ésta es la respuesta de la fe cristiana a la teoría del ocultismo y a todos los que hablan de la reencarnación. "Cuando nos morimos, siguen afirmando, podemos recibir a Jesucristo viniendo a nosotros como 'la Luz del Mundo' y lo seguimos entonces directamente hasta nuestro Padre en el Cielo. No tenemos necesidad de vagar en la transmigración de las almas, porque sabemos que son como callejones ciegos que no llevan a la meta, sino lejos de la meta. Preferimos escoger el camino directo a casa."

### Contradicciones

No debemos creernos que la enseñanza de la reencarnación es una nueva oferta, una filosofía positiva; al contrario, es una fuerte oposición al amor de Dios a través de Jesucristo. Por eso hay solamente dos posibilidades: o la enseñanza de la reencarnación es verdad, y entonces cada persona debe llevar su karma después de la vida, o el Evangelio cristiano es cierto cuando mantiene que Dios se volvió hombre a través de Jesucristo, para que pudiera traer la remisión de nuestros pecados a través de su muerte y resurrección.

Ningún hombre puede o debe llevar sus propios pecados (o su "karma malo"), pues para eso estuvo Cristo, del mismo modo que Dios no envió a su hijo a este mundo para condenarnos.

Hoy día, el ilustrado y bien educado hindú intenta conectar la enseñanza del karma con el humanismo occidental, intentando exigir que el karma dé la razón al creyente para practicar la benevolencia. Si usted es bueno con otros, estos hindúes modernos mantienen que usted segará "un karma bueno" en el futuro. Sin embargo, las escrituras indias no hablan tan razonablemente sobre estos conceptos. Según su filosofía, el karma bueno es el resultado de que una persona haya evitado contaminarse, que haya evitado profanar objetos de otros y asociarse con personas sin casta. El karma bueno, ya lo hemos dicho, es el resultado de lo que se ha evitado, en lugar de lo que realmente se ha hecho.

## La polémica entre creyentes y escépticos

"El hombre viejo recuerda los acontecimientos de su juventud, a pesar de ser física y mentalmente distinto."

He aquí transcritos los principales diálogos realizados durante una confrontación verbal durante una conferencia sobre esoterismo y reencarnación:

—*¿Qué es la reencarnación para los científicos?*

—Una de las cosas más difíciles en la educación es explicar y dar argumentos razonables para semejante creencia. Ningún teósofo ha tenido éxito en la vida tratando de aportar ni una sola prueba válida para convencer a los escépticos. Sin embargo, tampoco los escépticos han podido convencer de que no existe vida después de la vida. Alegan, como prueba, que ninguna persona ha conseguido recordar nada de las supuestas vidas pasadas.

*—Este argumento aporta una vieja objeción: la pérdida de la memoria sobre nuestra encarnación anterior, lo que es suficiente para invalidar la doctrina. Mi conclusión es que no es suficiente para negarse a admitirla.*

—Me gustaría oír sus argumentos.

*—Hay que tener en cuenta, primero, la incapacidad absoluta de los mejores psicólogos modernos para explicar al mundo la naturaleza de la memoria y su ignorancia sobre su capacidad. Aunque quizá usted me podría definir qué es la memoria.*

—Generalmente se acepta que es la facultad de nuestra mente para recordar y retener pensamientos, hechos y eventos anteriores.

*—Pero hay una gran diferencia entre las tres formas aceptadas de memoria, esto es: recuerdo, recolección y reminiscencia. Memoria, pues, es un nombre genérico.*

—También hay muchos sinónimos y gran cantidad de matices.

*—La memoria simplemente es un poder innato del pensamiento de los seres vivos, incluso en animales y plantas, para reproducir impresiones anteriores mediante una asociación de ideas sugeridas por cosas objetivas o por alguna acción en nuestros sentidos. La memoria es una facultad que depende completamente del buen funcionamiento de nuestro cerebro físico, pero la reminiscencia es una cosa completamente diferente. La reminiscencia es definida como algo intermedio entre el recuerdo y la recolección, o un proceso consciente para recordar situaciones pasadas.*

—No acabo de entender la diferencia entre estos conceptos.

*—Cuando una idea se repite de nuevo sin el funcionamiento de los sentidos externos, es recuerdo; si es buscada después por la mente, mediante esfuerzo o dolor, y traída de nuevo ante nosotros, es recolección. La reminiscencia no es una facultad o atributo de nuestra memoria física, sino una percepción intuitiva que no forma parte de nuestro cerebro. Esa intuición es lo que nos permite presentir el peligro, estar a gusto en un lugar nuevo sin motivo aparente, acudir a una llamada incluso antes de que sea efectuada o saber que hemos vivido vidas pasadas.*

—¿No son, acaso, delirios de la mente?

*—Ciertamente, todas esas visiones han sido consideradas como anormales o delirios febriles, e incluso clasificadas por la ciencia como parte de nuestra imaginación. Como siempre, la ciencia ha supuesto el mayor obstáculo para definir como normales a las personas diferentes y todavía no están lejos los tiempos en los cuales a los epilépticos se les consideraba como poseídos por el demonio. Si lo único que ustedes, los científicos, pueden ofrecer a quienes creen firmemente en la reencarnación es una sesión de psicoterapia ¡qué Dios nos proteja de ustedes!*

—¿Por qué les es tan necesario creer en otras vidas?

*—Porque es lo que da sentido a nuestra existencia. No es una creencia impuesta para no sentirnos solos en el universo, es un instinto brutal que nace con el ser humano, como algo que la Naturaleza nos ha dotado.*

—Si en este tipo de memoria tan poética están las imaginaciones anormales en las cuales usted basa su doctrina, entonces usted convencerá a muy pocos.

*—Yo no he hablado de imaginación. Simplemente digo que los fisiólogos y científicos consideran tales reminiscencias en general como alucinaciones e imaginan que esa persona está enferma o delirando. Nosotros no negamos que*

*tales visiones del pasado no puedan ser anormales en ocasiones, pues suponen para muchos un motivo para tranquilizar sus angustias. El problema es que para ustedes todo lo que se salga de nuestra experiencia de vida diaria normal es anormal o patológico. De todas formas, debo aclararle que la ausencia de memoria sobre cualquier acción efectuada en una vida anterior no puede ser un argumento concluyente para demostrar que no ha existido.*

—¿Pero no piensa usted que éstas son distinciones demasiado imprecisas como para ser aceptadas por la mayoría de mortales?

*—Diga más bien por la mayoría de los materialistas. Yo podría decirles: incluso para nuestra corta existencia, la memoria es demasiado débil para registrar todos los eventos de una vida y en eso incluyo las materias académicas. Frecuentemente, la mayoría de los acontecimientos permanecen inactivos en nuestra memoria hasta que son despertados por alguna asociación de ideas, o para emplearlos en alguna actividad. Éste es el caso de las personas de edad avanzada de quienes se dice les falla la memoria, aunque recuerdan perfectamente todos sus años anteriores.*

—Bien, ¿me puede explicar por qué miles de personas no recuerdan en absoluto nada de sus vidas pasadas?

*—Quizá sí las recuerdan, pero nadie les ha preguntado sobre ellas.*

—Pero ¿cómo pueden creer las personas en cosas que no saben, ni han visto nunca, ni tienen ninguna relación con su vida actual?

*—Las personas, y los más sabios, creerán en la gravedad, el éter, los sueños, eso no es ciencia, son abstracciones y frecuentemente trabajamos con hipótesis. Los científicos nos dicen multitud de cosas que la mayoría de la gente no puede comprobar, ver ni tocar y no por ello las negamos.*

*¿Es tan difícil creer, por tanto, a los millones de personas de todas las épocas que creen y han creído en la reencarnación?*

—¿Por qué, entonces, no llegan hasta nuestro consciente las vidas pasadas o nuestro nacimiento?

*—Porque la memoria ha cambiado con la nueva existencia. Una memoria es el registro de esa existencia en particular.*

—¿Quiere usted decir que solamente sobrevive el alma-memoria o, como ustedes lo llaman, el alma o ego, pero nada de los restos de personalidad?

*—No, algo de cada personalidad debe sobrevivir, pues siempre deja su huella en el ego espiritual. La personalidad está cambiando en la vida con cada nuevo nacimiento. Es como un actor que se aprende una nueva historia.*

—Pero habrá algunas excepciones y algunos han de recordar estas vidas pasadas.

*—Y así ha sido. Pero ¿quién cree en estos informes? Generalmente se consideran tales sensaciones como histerismo, alucinaciones, como entusiastas religiosos con la mente enferma o farsantes. Permítame leer la siguiente frase: "Una persona habla a otras sobre el alma, y algunos preguntan: ¿Qué es el alma? La respuesta es: lo que demuestra nuestra existencia en esta vida."*

—¿Nos considera usted a los no creyentes como materialistas?

*—Esencialmente, sí. Pero yo les haría una pregunta: ¿Puede recordar usted lo que hizo cuando era un bebé? ¿Ha conservado en su mente las experiencias más pequeñas de su vida, pensamientos o hechos, especialmente aquellas que vivió durante los primeros dieciocho meses o dos años de su existencia? Entonces ¿por qué no niega también que usted ha vivido alguna vez como un bebé?*

—Bueno, en este caso me lo recuerdan mis padres. De todas formas, según dicen ustedes, las experiencias presentes son el resultado del karma pasado. Si nosotros sabemos los errores anteriores, podemos rectificarlos, ¿no?

—*Si un error se rectifica todavía sigue siendo el resultado de un karma anterior y posiblemente de varios. Puede que no sea éste el procedimiento. Si usted recorta una planta, crece más vigorosamente. Si usted trata de rectificar su karma, aumentará. Encuentre la raíz del karma y córtela.*

—¿Pueden limpiar las personas las consecuencias de sus malas acciones haciendo mantras (himnos) o rezando, o tendrán necesariamente que pagarlas?

—*Las malas acciones nuestras normalmente las sufren otras personas, por lo que posiblemente las consecuencias persistirán. Ningún ritual religioso puede librarnos de nuestros malos actos. Si así fuese, sería muy fácil tener una vida feliz.*

—¿Están, pues, equivocadas las religiones que otorgan el perdón mediante la simple exposición a un sacerdote?

—*Una persona debe experimentar los resultados de sus actos, buenos o malos, y no hay ningún ejemplo en la naturaleza que libre de esta manera tan sencilla a quien ejecuta la maldad. ¿Cómo es posible limpiar un acto malvado con otro totalmente distinto y que ni siquiera repara el daño causado?*

## Frases sobre la reencarnación

*Aquellos que no admiten este principio de la existencia, se convertirán en insectos, polillas y cualquier otro animal insignificante. Pero ninguna de esas criaturas pequeñas está reencarnándose continuamente, pues nacen y mueren. El suyo es un tercer estado.*

Brhad-aranyaka Upanisad.

*Quien roba oro, quien se emborracha o toma drogas, quien deshonra a sus padres o maestros, quien mata o roba, se reencarnará con problemas.*

Chandogya Upanisad.

*Algunas almas entran en un útero para la encarnación; otras entran en objetos estacionarios según sus actos anteriores y según sus pensamientos.*

Katha Upanisad.

*Una persona se vuelve un objeto estacionario como resultado de sus faltas anteriores, aunque también puede hacerlo como pájaro o animal salvaje.*

Las Leyes de Manu.

*Cuando alguien ha hecho, o está haciendo, o va a hacer, un acto vergonzoso, si es un hombre sabio debe comprender que el acto entero no es adecuado.*

*Cuando alguien espera lograr gran fama en este mundo por sus actos, pero no se siente afligido si falla a quien le admira, debe rectificar su vida.*

*Cuando anhela saber algo y no está avergonzado cuando lo hace, y su ego está satisfecho por ello, tiene la marca de la calidad y lucidez.*

*Las personas de lucidez se vuelven dioses, las personas de energía se vuelven humanos y las personas de oscuridad siempre se vuelven animales. Éstos son los tres niveles de la existencia.*

Las Leyes de Manu.

*Recuerda, la Naturaleza no es extravagante. Le da esa forma a un individuo para que él pueda satisfacer mejor sus deseos incumplidos. Si bajo la forma humana realiza accio-*

*nes similares a un animal, el próximo nacimiento debe ser bajo una forma animal.*

Gran Amo.

## La conclusión

El único modo para que la creencia en la reencarnación se haga una verdad incuestionable es que las ciencias físicas y sus teorías acepten ese principio. La metodología de las ciencias físicas necesita medir y ver para efectuar cualquier investigación sobre la energía. No obstante, y al igual que se ha dicho hasta la saciedad sobre las religiones, la ciencia no puede tener la última palabra sobre lo que es o no es posible en esta u otras vidas.

La doctrina científica dice que el ser humano es energía física y que después de la muerte el cuerpo físico permanece inerte un tiempo y se descompone posteriormente, mientras que, según la teoría del karma, el alma individual ha dejado el cuerpo y se ha ido a otros reinos o lugares.

Sin embargo, lo que estamos tratando aquí no es simplemente una distinción entre dos reinos de existencia, material y espiritual, o entre un cuerpo y un alma. La situación es más compleja y sabemos que, por ejemplo, el hinduismo reconoce varias capas diferentes en la constitución humana. Hay el cuerpo físico grueso, el cuerpo sutil, el cuerpo causal y, según algunos maestros, el cuerpo supracausal. Cada uno de estos cuerpos es más sutil que el precedente. Nosotros experimentamos el despertar en el cuerpo grueso, el estado de sueño en el cuerpo sutil, cuando no dormimos en el cuerpo causal, y el estado turiya o ilustrado, en el cuerpo supracausal. Los tres últimos (sutil, causal y supracausal) sobreviven a la muerte corporal.

## Cuerpo y alma

Ahora, el punto importante es que estas distintas capas de la constitución humana al parecer actúan todas recíprocamente. Así, pueden emprenderse disciplinas físicas como posturas del yoga para purificar los cauces y chakras que realmente son componentes del cuerpo sutil, y se supone también que la meditación es una práctica sutil y buena para la salud física.

Pero, ¿dónde encaja esa forma más compleja del cuerpo y mente tradicional que describe la filosofía occidental? Si la mente no es física, ¿cómo actúa recíprocamente con el cerebro físico y el resto del cuerpo? O si el sutil, causal, y los cuerpos del supracausal no son físicos, ¿cómo pueden actuar recíprocamente con el cuerpo físico?

De hecho, no está muy claro qué quiere decir que algo existe y, sin embargo, no es físico. El pensamiento, los sueños y la imaginación existen, pero no son físicos. Estas expresiones mentales de la naturaleza humana se integran perfectamente en cosas físicas específicas, pero ningún científico se atreve a tratarlas como si tuvieran una existencia independiente, no física. Por ello, parece estúpido decir que el alma de una persona es algo abstracto, como un número. La personalidad de cada individuo merece algo más de respeto que este razonamiento.

## Los científicos

Es fácil admitir que el reino físico pudiera contener muchos aspectos que no se han descubierto todavía. Actualmente, los científicos están especulando que el espacio puede contener varias dimensiones distintas a las que habitualmente hemos podido observar directamente. Todo lo que es sutil en el ser humano, el pensamiento y el alma podría reflejar perfectamente estas dimensiones aún desconocidas. Así, sería prematuro asumir que estos aspectos sutiles de la constitución humana no son físicos y de ignorantes decir que no existen.

También merece la pena insistir en que el alcance de la ciencia no se limita a esas cosas que nosotros podemos observar directamente. Muchas de las cosas que la ciencia estudia (*quarks*, por ejemplo) no se ven directamente, pero en cambio se postula para explicar la conducta de otras cosas. También se postulan algunas cosas, como los agujeros negros o de gusano, pues aunque no los hemos podido tocar existen diversos estudios que demuestran su existencia.

Debemos darnos cuenta de que los instrumentos científicos pueden ahora descubrir muchas cosas que no están claras para nuestros sentidos físicos. Las radiografías, los telescopios, los microscopios, el radar y el sonar son simplemente algunas de las técnicas mediante las cuales la ciencia ha trascendido los límites de nuestros propios sentidos. Podríamos ponerlos como ejemplos de un tipo de percepción extrasensorial, pues aunque estas herramientas de percepción son externas a nosotros, los tipos de información que perciben puede que estén igualmente representados en nuestras facultades psíquicas.

Por eso debemos admitir como algo lógico que, en el futuro, nosotros podamos desarrollar un instrumento que pueda descubrir el cuerpo sutil. Semejante instrumento incluso podría poder ver el cuerpo sutil cuando deja el cuerpo físico en el momento de la muerte. Quizá nosotros incluso podríamos reconocerlo como el equivalente de una radio que rastrea al alma, para que nosotros pudiéramos supervisar el progreso del alma hasta su próximo renacimiento.

Por eso, es difícil admitir a priori que la teoría del karma no puede ser estudiada por la ciencia. Sin embargo, la situación práctica en este momento es bastante diferente. Nosotros no disponemos en la actualidad de las herramientas necesarias para medir la existencia de un alma y asumir por ello que realmente existe.

También es posible que la ciencia pudiera hablar del alma para explicar diversos resultados experimentales. De hecho, unos neurocientíficos creen en la probabilidad de que exista algo más que el cerebro físico. Puesto que el problema de la mente y el cuerpo no se ha resuelto definitivamente, y dado que aún no se entienden las funciones del cerebro con todo detalle, es posible que ocurra lo mismo con el concepto del alma.

No se pretende que el alma sea una hipótesis verdaderamente científica, pues para ello tiene que poder explicarse y para lograrlo hay que observar, diferenciar y predecir sus resultados. Si nosotros estamos muy lejos de desarrollar cualquier concepto científico del alma, mucho menos del karma.

## Interpretaciones liberales y fundamentalistas

Enfrentado con escritos inexactos, es común para el teólogo (de cualquier religión) adoptar una línea dura fundamentalista o sugerir que siempre se interpretaron figuradamente ciertas doctrinas en lugar de literalmente.

La línea dura fundamentalista niega la verdad de cualquier hallazgo científico que contradiga estas escrituras y es frecuente la controversia sobre la evolución, lo que indudablemente desconcierta a los estudiantes.

Para ilustrar estos hechos se menciona que en la India, durante el invierno de 1954, un varón indio preguntó acerca de las sagradas escrituras de los Vedas, equivalentes al Torah judío o al Evangelio cristiano. Ellos consideran que sus escritos son los más antiguos del mundo y, por tanto, más fiables que los demás en cuanto a revelaciones se refiere. El error para ellos es que sus calendarios no son exactos y que probablemente hayan sido escritos entre los años 1500 a 1000 a.C., tal como prueban los restos arqueológicos encontrados recientemente.

La línea liberal que interpreta las cosas figuradamente parece más atractiva al principio. No exige que se crea en algo conocido como falso, y encuentra un valor residual en esas enseñanzas que no son literalmente verdad, como pudieran ser los Santos Evangelios. Hay dos problemas, sin embargo, con este acercamiento:

1. Aunque aceptemos unos textos figuradamente, ¿cómo podemos estar seguros que fueron pensados originalmente de esta manera? Las enseñanzas que ahora parecen demasiado raras para ser tomadas literalmente podrían haber parecido bastante normales y creíbles en el contexto de otra cultura en un pasado lejano.
2. Una vez que empezamos a considerar algunas doctrinas figuradamente, ¿cómo sabemos dónde está la fábula y donde los hechos reales?

## Sobre los animales

La actitud hindú de reverencia hacia las vacas es bien conocida y en las leyes de Manu encontramos:

*"No debemos emitir excrementos u orina mientras estemos frente al viento, mirando al fuego, delante de un sacerdote, al sol, regando o entre las vacas."*

El castigo en el infierno para aquellos que rompen esta regla es pintoresco:

*"Los cuervos rasgarán el intestino a través del ano de aquellos hombres que se orinan delante de las vacas, sacerdotes, sol o fuego."*

El hindú considera a las cobras algo muy especial:

*"La cobra es responsable de muchas muertes cada año en la India, aunque la causa es por temor religioso y no por su picadura."*

No hay nada lógicamente incoherente en suponer que las vacas y las cobras son sagradas. El hinduismo está lejos de ser la única religión que considera a ciertos animales seleccionados como sagrados, sucios o frecuentemente dioses reencarnados. Sin embargo, cuando comparamos varias religiones encontramos que ninguna se pone de acuerdo sobre qué animales son especiales. Un hindú incurre en pecado comiendo carne, porque las vacas son divinas. Entre tanto, un judío o musulmán puede comer vacas porque realmente no son nada especiales, pero no comen carne de cerdo porque son animales sucios.

En el Egipto antiguo, cada condado consideraba un animal diferente como sagrado, y una manera fácil de insultar a sus vecinos era comer su animal sagrado. El gato, además, era un dios viviente y cuando moría por causas naturales toda la familia de humanos iniciaba un ritual de lamentos y ceremonias, a menudo afeitándose sus cejas, cantando, golpeando sus pechos, y otras señales exteriores para demostrar su pesar por la pérdida. El cuerpo del gato era envuelto cuidadosamente en lino y llevado a los sacerdotes que verificaban cuidadosamente que su muerte era natural. Cuando los sacerdotes expedían el certificado, el cuerpo se embalsamaba hasta convertirlo en una momia-gato. Para los incrédulos les diré que hasta ahora se han encontrado en Egipto más de 300.000 momias de animales en las excavaciones de Beni-Hassan.

Curiosamente, apenas ningún escrito sagrado habla de la posible reencarnación de los animales.

## La razón de vivir

La vida es una lección. Una lección sobre el amor, la compasión, el respeto por la Naturaleza y sobre la ley universal de causa y efecto. No importa si estamos mal informados, si alguien nos impide aprender, y ni siquiera si nos ridiculizan nuestras creencias y acciones, pues nada puede cambiar la verdad y el orden establecido en el universo.

Nuestro futuro en la vida es menos agradable cuando no queremos aprender y entender las leyes del universo, tal como lo describió Einstein: "Dios no juega a los dados." Los principios inciertos no son nada más que una tapa que aún no se ha abierto y nunca aprenderemos si decidimos que no queremos saber más. Tras la ignorancia no se esconde la felicidad, sino solamente la soledad y la apatía por la vida.

Mi conclusión, si les sirve para algo, es que los científicos no están interesados en los temas de la muerte y la reencarnación, menos aún en el alma o espíritu, porque nunca podrán llegar a una conclusión y eso invalidaría su trabajo. Vende más dedicarse a las materias ya conocidas y admitidas, aunque sean erróneas, que explicar los misterios de nuestra existencia.

# ÍNDICE

5813036

6309027 - 75-83-063-24-34

Ismael (631) 3745153

Israel . (631) 8826862

abogado : 5813036

Juana (631) 7415602 .